*Fälle zum Erbrecht*

Horst Eidenmüller
Martin Fries

德国民商法案例研习译丛
丛书主编：朱晓喆

# 德国继承法案例研习

第六版

【德】霍斯特·艾登穆勒 ◎著
【德】马丁·弗里斯
胡坚明 ◎译

中国法制出版社
CHINA LEGAL PUBLISHING HOUSE

# 总序

## 一、什么是请求权基础案例研习

本套译丛是译介德国民法请求权基础案例研习课的教材。虽然国内文献对此已讨论颇多，[1] 但为本译丛导读，以及考虑到若有读者拟参考本译丛，实践相应的教学方法，因此，我作为丛书主编，再就该课程方法论作些介绍。

了解请求权基础案例研习，须从德国法学教育课程体系说起。德国大学法学教育以科学教育为目标，以实践运用为导向，其课程类型设置包括如下几种类型：[2]（1）大课讲授（Vorlesung）以教师讲解和学

---

[1] 参见朱晓喆：《请求权基础实例研习教学方法论》，载《法治研究》2018年第1期；卜元石：《德国法学教育中的案例研习课：值得借鉴？如何借鉴？》，载《中德法学论坛》第13辑，法律出版社2016年版，第45—57页；季红明、蒋毅、查云飞：《实践指向的法律人教育与案例分析——比较、反思、行动》，载《北航法律评论》2015年第1辑，法律出版社2016年版，第214—228页。

[2] 邵建东：《德国法学教育制度及其对我们的启示》，载《法学论坛》2002年第1期；韩赤风：《当代德国法学教育及其启示》，载《比较法研究》2004年第1期；杜晓明：《德国法学教育简介》，载李昊、明辉主编：《北航法律评论》2015年第1辑总第6辑，法律出版社2016年版，第229—232页。

生听讲为主。限于课堂时间和学生人数较多，教师课上较少采用问答方式，课堂互动根据老师的风格而有所不同。（2）专题研讨（Seminar）是教师引导和学生讨论为主的课程。参加课程的学生须在教师指导下作一个专题研究报告并回答教师和参加者的提问。（3）案例研习课（Übung）是撰写案例分析报告、练习适用法律的课程。大课讲授和专题研讨偏重于原理学习，而案例研习课侧重实例训练。该课程要求学生撰写案例研习报告采用"鉴定体"（Gutachtenstil）[1]，即逐一分析法律规范的构成要件，判断案件事实能否涵摄在该规范之下，进而得出是否适用该规范法律效果的结论。如在课堂上或考试中，须于指定时间段内完成案例报告，不用太多引注资料，称为课堂练习；如在课下做案例报告，即家庭作业，要借助更多文献和判例，深化案例解答的科学性，达到与通常的法学研究相同的品质。[2]（4）学习小组（Arbeitsgemeinschaft）是一种配合大课的集体辅导班，大致按民法、刑法和公法学科进行划分，由助教或博士生主持，以解决学习中的难点和进行案例分析训练为主。参加者通常为新生，每个小组人数约 20 人左右。

在上述课程体制中，案例研习课是法科学生每日必修的练习，通过大量的训练，学生们将法条、法学教义、法院判例等转化为其内在的知识和能力，养成法律思维。如科贝尔（Körber）教授说："领会和理解生活事实，并依据法条、判决和学说去判断其中蕴含的法律争议，

---

[1] 与鉴定体对应的是先给出结论，再叙明理由的"裁判体"（Urteilsstil）。Tettinger/ Mann, Einführung in die juristische Arbeitstechnik, 4. Aufl., C. H. Beck 2009, S. 126.

[2] Tettinger/ Mann, Einführung in die juristische Arbeitstechnik, 4. Aufl., C. H. Beck 2009, S. 179.

即解答案例，是每一位法律人的日常功课。”[1]

民法案例研习课的方法论就是请求权基础分析。关于此，我国学界已经介绍颇多。于此重申其关键要点，以便读者掌握要领。

“请求权基础”（Anspruchsgrundlagen）方法的出发点是对案例提出如下问题，即“谁得向谁依据什么请求什么？”（Wer will was von wem woraus？）[2] 分析言之：

（1）“谁向谁”（Wer von wem）。请求权是相对权，在回答问题时须明确权利人针对哪一个义务人主张请求权。

（2）“请求什么”（Was）。这一步是审查当事人主张要求什么，例如支付买卖价金、损害赔偿、返还原物等。

（3）“依据什么”（Woraus）。权利人主张的内容须以某个法律规范为基础，能够确立请求权的法律规范称为“请求权基础”。请求权基础包括构成要件（T）和法律效果（R）两个部分。构成要件是适用该法律规定的前提条件，由数个要素组成（可分解为 t1，t2，t3……）。法律效果是满足构成要件后得出的后果，一般对应着请求的内容。

明确请求权基础方法的内涵后，还须解释一下案例研习的核心步骤，即“涵摄”（Subsumtion，或译“归入”）。涵摄是审查待决的案件事实是否可归属（Zuordung）在某一法律规范的构成要件之下，并得出法律效果是否发生的结论。在请求权基础案例研习中，其具体步骤是：（1）选择案件事实可能适用的请求权基础规范（T），并就所分析

---

[1] Körber, Zivilrechtliche Fallbearbeitung in Klausur und Praxis, JuS 2008, 289.

[2] Heinemann, Übungen im bügerlichen Recht, De Gruyter 2008, S. 6.

的案例提出“某人可能依此规范向另一人主张某种请求权”的待检验命题；（2）将法律规范分解为各个构成要件（t1，t2，t3……），并逐一与案件事实（s1，s2，s3……）进行比较，判断具体事实是否可归入抽象的构成要件（涵摄）；（3）对每一个构成要件和案件事实的涵摄都进行审查，得出相应的是或否的中间结论；（4）一旦案件事实满足请求权基础规范的每一构成要件，即可得出结论认为发生相应的法律效果（R），即案件当事人的请求权成立；如果欠缺任何一项构成要件，则不发生相应的请求权。可见，涵摄的核心就是亚里士多德的三段论（syllogistischer Schluss），即大前提—小前提—推论。[1]（如下图所示）

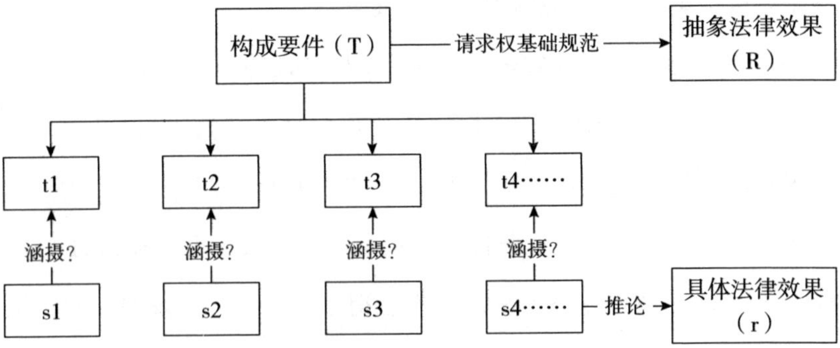


## 二、如何撰写请求权基础案例研习报告

一份完整的鉴定式请求权基础案例研习报告，包括案件事实和问题（题目）、解题结构（目录）、解题具体步骤和内容（请求权基础的审查）几部分。以下分述之。

[1] Tettinger/ Mann, Einführung in die juristische Arbeitstechnik, 4. Aufl., C. H. Beck 2009, S. 143.

### 1. 案件关键事实的领会和提取

请求权基础案例一般是出题者设计的教学或考试案例。这些案例大都来源于真实的司法裁判，但并不巨细无遗地交代案件情节，而是简洁描述和抽取重要事实，并通常对应着教科书或法典中的某一民法知识板块或制度规整。而且，案例事实本身一般不设争议，不需考虑举证问题。由此可见，请求权基础案例研习并非“法律实务训练课”，而是基础理论练习课，它不是教导学习者如何操作和办理实务案件，而是培养扎实的法律理论功底。

解题者在解题之前，先要审读和把握案件事实，并区分重要的和非重要的情节，尤其是不能遗漏那些具有法律意义的事实。准确把握案件事实，要求解题者须在事实与规范之间不停地“眼光往返流转”：一方面，所要适用的法律规范表明哪些事实是重要的；另一方面，这些事实也决定可适用的规范。[1]

案例事实的核心要素是当事人之间发生的能够产生权利义务变化的法律事实，如合同、侵权，以及权利义务的标的，如动产、不动产、权利。此外，当事人、时间和地点对于解决案例问题也有辅助作用，涉及行为能力、时效、履行地等。

### 2. 请求权基础审查的步骤

撰写一份严谨的请求权基础案例研习报告，须遵循如下三个步骤：请求权是否产生？请求权是否消灭？请求权是否可执行？

[1] Medicus, Grundwissen zum Bürgerlichen Recht, ein Basisbuch zu den Anspruchsgrundlagen, 8.Aufl., Carl Heymanns Verlag 2008, S. 6.

（1）请求权是否产生？（Anspruch entstanden?）

在这一阶段，首先从积极方面考察，案件事实是否符合（假定）可运用的请求权基础。如果请求权基础构成要件的每一要素都获得满足，可以判定请求权成立。[1] 此处的核心步骤就是“涵摄”。然后，再从消极方面审查，案件事实中有没有权利产生障碍的抗辩事由（权利阻却之抗辩），例如当事人无行为能力、意思表示无效、合同不成立或被撤销、附生效条件的法律行为条件未成就等。[2]

（2）请求权是否消灭？（Anspruch untergegangen?）

这一阶段审查有没有导致已经产生的请求权发生消灭的后果，即考虑权利毁灭之抗辩。例如，合同的清偿、免除、抵销、解除、给付不能、附解除条件法律行为的条件成就等。[3]

（3）请求权可否贯彻执行？（Anspruch durchsetzbar?）

这一阶段审查有没有阻碍请求权执行的事由，即权利障碍之抗辩（私法上的抗辩权）。抗辩权须被告主张才可适用，例如诉讼时效抗辩权（《民法总则》第 192 条第 1 款）、同时履行抗辩权（《合同法》第 66 条）、人身性给付或履行费用过高之抗辩权（《合同法》第 110 条第 2 项）等。

以上三个步骤是审查请求权基础的完整要求。当然，在个案中，并不总是存在请求权的消灭或请求权执行障碍的事由，因此，在撰写案例研习报告时，请求权的产生必须进行审查。后两个步骤，仅在有

---

[1] Brox/Walker, AT des BGB, 34. Aufl., Verlag Franz Vahlen 2010, Rn. 856.

[2] Heinemann, Übungen im bügerlichen Recht, De Gruyter 2008, S. 16.

[3] Heinemann, Übungen im bügerlichen Recht, De Gruyter 2008, S. 16.

案件事实根据时才予以审查。[1] 因此，后两个步骤在案例研习报告中可以根据情况省略。

### 3. 请求权基础的审查顺序

在同一案件事实中，当事人之间可能发生数项请求权。于此，须依循请求权基础的审查顺序（Prüfungsreihenfolge），逐一考察。德国民法教学中，根据各个请求权基础的特点或优先性考量，通常按照合同请求权—类合同请求权—无因管理请求权—物权请求权—侵权行为请求权—不当得利请求权，这样的顺序进行思考和解题。具体理由如下。

（1）合同请求权

合同要体现私法自治原则，如果当事人之间合同约定了权利义务关系，应首先对其尊重。如果存在其他请求权的可能，会受合同的影响。[2] 具体言之，如果存在合同关系，管理他人事务构成委托（《合同法》第396条），不成立无因管理。如果根据合同关系占有他人之物，通常不发生无权占有（《物权法》第241条），从而排除“所有权人—无权占有人”规则的适用。如果基于合同取得他人财产利益，也不符合不当得利中的“无法律上原因”。而侵权行为的请求权，可能被合同修改或排除（合同约定可以排除侵权行为违法性），或者合同法可能有减轻责任的规定（如《合同法》第374条）或约定。

合同请求权可分为原初的给付请求权和次生的救济性请求权。前者例如《合同法》第60条第1款的履行请求权，《合同法》第135条

---

[1] Körber, Jus 2008, 289.

[2] Heinemann, Übungen im bügerlichen Recht, De Gruyter 2008, S. 10.

的买受人交付标的物并转移所有权的请求权、第159条的出卖人价金请求权。后者例如《合同法》第107条的实际履行、采取补救措施、损害赔偿请求权，第111条的瑕疵担保请求权，《合同法》第97条规定解除后恢复原状、损害赔偿请求权，以及《合同法》分则规定具体合同的违约救济请求权，于此不一一枚举。

（2）类合同请求权

如果合同未成立或无效、被撤销，但当事人基于缔约磋商应尽到照顾、保护缔约对方权益的义务，若有违反应承担缔约过失责任。由于其接近合同请求权，因而紧随其后予以审查。[1]

根据我国现行民法，类合同的请求权例如：《合同法》第42条规定缔约过失请求权，第43条规定缔约中违反保密义务的损害赔偿请求权；《合同法》第58条、《民法总则》第157条规定合同或法律行为无效、被撤销或确定不发生效力后，发生返还财产、折价补偿、损害赔偿等请求权；《民法总则》第164条第2款规定的代理人与相对人恶意串通，损害被代理人权益，被代理人向二者主张连带责任的请求权；《民法总则》第171条第3款规定的无权代理人因代理未被追认时，善意相对人得请求其履行债务或承担损害赔偿责任。

（3）无因管理请求权

接着审查无因管理请求权，理由如下：无因管理人就管理行为所生之必要费用得向受益人请求偿还（《民法总则》第121条）是一种特殊的法定之债；无因管理的管理人并非侵夺占有或妨碍物权，从而排除物权请求权；无因管理的行为阻却违法，不构成侵权行为；无

[1] Brox/Walker, AT des BGB, 34. Aufl., Verlag Franz Vahlen 2010, Rn. 842.

因管理人因管理他人事务获得财产利益，并非“无法律上原因”，不构成不当得利；无因管理人通常有责任优待（参见《德国民法典》第680条），与其竞合的侵权请求权也同样如此。[1] 例如，《民法总则》第184条规定自愿实施紧急救助造成受助人损害的，救助人不承担民事责任。

（4）物权请求权

物权请求权之所以先于侵权和不当得利请求权审查，首先是因为物权法中就侵害或妨碍他人之物有特殊规定，从而排除侵权行为或不当得利的一般规定。[2] 例如，《物权法》第107条规定失主有追回遗失物的请求权。再例如，《物权法》第242条至244条规定“所有权人—无权占有人”之间的特殊规则，据此，无权占有人造成物之损害的，恶意占有人承担赔偿责任，由此反面推论，善意占有人不负赔偿责任；善意占有人返还原物时可向所有权人请求支付必要费用；无权占有人无法返还原物，但应当返还由物之毁损、灭失产生的保险金、赔偿金或补偿金。此外，相较于侵权损害赔偿请求权而言，《物权法》上典型的原物返还请求权（第34条）、排除妨碍和消除危险请求权（第35条）、占有保护请求权（第245条）不以过错为要件。

（5）侵权行为请求权

因为侵权行为（包括危险责任）请求权不是其他请求权的前提，故而靠后审查。[3] 在审查侵权请求权之前，须审查是否存在特殊的约

---

[1] Heinemann, Übungen im bügerlichen Recht, De Gruyter 2008, S. 10.

[2] Heinemann, Übungen im bügerlichen Recht, De Gruyter 2008, S. 10.

[3] 王泽鉴：《民法思维——请求权基础理论体系》，北京大学出版社2009年版，第60页。

定或法律规定。

狭义的侵权请求权仅指损害赔偿请求权。但我国《侵权责任法》采取广义的侵权责任理解，包括保护物权之类绝对权的停止侵害、排除妨碍、消除危险责任，以及非损害赔偿性质的赔礼道歉、消除影响、恢复名誉等责任形式（《侵权责任法》第 15 条）。此外，《侵权责任法》还有所谓“非真正侵权责任”[1]，包括第23条受益人适当补偿责任、第 31 条紧急避险的牺牲请求权、第 24 条和第 33 条的损失分担责任。上述侵权责任，都可算入广义的侵权请求权。

就请求权基础而言，一般过错的侵权请求权基础是《侵权责任法》第 2 条第 1 款和第 6 条。特殊侵权责任请求权和危险责任请求权基础存在于《侵权责任法》第四章至第十一章，于此不赘。

（6）不当得利请求权

不当得利请求权的基本依据是《民法总则》第 122 条。如果存在合同或无因管理，将会排除不当得利。与物权请求权相比，可能物权人因物权消灭而无法主张原物返还，例如以他人油漆粉刷自己的围墙，但会发生不当得利。严格地说，侵权请求权与不当得利请求权并没有逻辑上的先后顺序，[2] 但相比而言，一般侵权请求权以过错为要件，而不当得利则否。例如，不知他人之物而为处分，获得对价利益。于此处分人因缺少过错而不构成侵权，但成立不当得利。[3] 基于此，

[1] 张谷：《论〈侵权责任法〉上的非真正侵权责任》，载《暨南学报》2010 年第 3 期。

[2] Heinemann, Übungen im bügerlichen Recht, De Gruyter 2008, S.10 f. Körber, Jus 2008, 289.

[3] 王泽鉴：《民法思维——请求权基础理论体系》，北京大学出版社 2009 年版，第 60 页。

最后考虑不当得利请求权。

以上是关于请求权基础审查顺序的一般规律，此外还须补充如下两点。

第一，如果请求权基础审查后，有数项请求权均得成立并可执行，则构成请求权聚合或请求权竞合。前者是指数个请求权可以同时并行主张；后者是指同一给付目的的数个请求权并存，但当事人仅得选择其一行使。[1] 请求权聚合或竞合时，每一请求权的构成要件、举证责任和诉讼时效可能存在差异，案例研习虽是理论训练，但也是为法律实务准备，既反映法律思考的严谨性，也要考虑当事人的利益。因此，案例解题者必须通盘检讨所有可能成立的请求权基础，切勿任意选择一个请求权基础作答。[2]

第二，上述请求权审查的顺序和体系是以民事财产法上请求权为中心构建的。而亲属法和继承法上的请求权并未纳入进来。主要因为在亲属法和继承法上，根据不同法律关系和事实的情状，发生不同种类的请求权或法律效果，不具有可比性。例如子女扶养费请求权和遗产回复请求权，不像财产法上请求权那样可以按照事理的逻辑进行体系性安排。因此，亲属法和继承法的案例研习应具体考虑问题。

**4. 案例研习中的法条运用**

撰写请求权基础案例研习报告，除依循上述的步骤和顺序外，对于法条的理解和运用也很关键。

---

[1] 王泽鉴:《民法思维——请求权基础理论体系》，北京大学出版社2009年版，第130—131页。

[2] 王泽鉴:《民法思维——请求权基础理论体系》，北京大学出版社2009年版，第134页。

在案例研习中，解题者主要围绕请求权基础规范展开，但也不可忽略其他法律规范的运用。例如，根据《物权法》第 34 条，物权人欲主张对于无权占有人的返还原物请求权，须首先确定物权人是谁。于此，关于物权变动的规定（如《物权法》第 9 条、第 23 条）或所有权取得的规定（如《物权法》第 106 条以下），有助于确定物权的归属。此类规范为“辅助性规范”（Hilfsnormen）。[1] 此外，反对请求权的规定，例如法律行为无效（《民法总则》第 153 条）、诉讼时效的效力（《民法总则》第 192 条第 1 款），在请求权基础审查的每一阶段都可能涉及。此类规范为“反对性规范”（Gegennormen）。[2]

撰写案例研习报告须运用各种法律解释方法，展开法律规范的内涵分析，并为正确地进行涵摄奠定基础。[3] 涉及的法律解释方法包括文义解释、立法目的解释（历史解释）、体系解释、客观目的解释、合宪性解释等。但在很多疑难案例中，解题者可能发现通过法律解释，案件事实并不能准确涵摄进相关法律规范（尤其是请求权基础规范），即存在立法者规整计划的漏洞（公开的漏洞）。简单的法律解释并不足以应付案例解决，需要借助于法律续造方法，包括类推、举重明轻、举轻明重、目的性扩张等。此外，在解释运用法律时，也可能发现虽然案件事实能够涵摄进法律规范，但其实该法律规范的字面含义过宽，根据其目的不宜适用本案，由此发生“隐蔽的漏洞”，须对

---

[1] Medicus, Grundwissen zum Bürgerlichen Recht, ein Basisbuch zu den Anspruchsgrundlagen, 8.Aufl., Carl Heymanns Verlag 2008, S. 11.

[2] Medicus, Grundwissen zum Bürgerlichen Recht, ein Basisbuch zu den Anspruchsgrundlagen, 8.Aufl., Carl Heymanns Verlag 2008, S. 11.

[3] Tettinger/ Mann, Einführung in die juristische Arbeitstechnik, 4. Aufl., C. H. Beck 2009, S. 130.

其进行目的性限缩。

在案例研习中须大量运用法律条文，解题者的法律适用能力得到锻炼，并结合案例留下深刻的印象，非一般教学授课可比。正如王泽鉴教授所言："背诵记忆法律条文，不求甚解，易于忘记。经由深刻思考，亲身体验应用的条文，将成为法律人生命的法律细胞，终生难忘。"[1]

## 三、为什么移译本套丛书

如果从法律移植视角考察当代中国民商法的法治化进程，可以发现我国民商法的研究和教育呈现一条从"制度—思想移植"到"法学（法律）方法移植"、再到"法律教育方法移植"的发展轨迹。

首先，20 世纪 80 年代改革开放之初，中国要在一片法治废墟上建立各项法律制度，不可避免地要向法治先进国家学习和借鉴制度规则，并随之引入大量的西方法律思想学说。这一时期，与市场经济配套的民商事法律制度，几乎照搬照抄国外经验，例如担保法、合同法、公司法、证券法等。与此同时，法学研究也主要表现为"立法论"。

继而，大致 2000 年以来，我国单行民商法律基本齐备后，如何理解与适用这些法律规定成为摆在法学研究者和司法实务者面前的现实问题。于是，以阐述法律规范的涵义和实践运用的"解释论"成为当时之需。这一阶段，源于德国的"法学方法论"（或法律方法论）受到热捧，尤其是拉伦茨、齐佩利乌斯、王泽鉴、黄茂荣等人著述的

---

[1] 王泽鉴：《民法思维——请求权基础理论体系》，北京大学出版社 2009 年版，第 235 页。

出版，促进我国民商法学者开始重视法律解释方法，并将之运用于法律适用。法律的解释与适用必然与具体的部门法教义相结合，由此“法学方法论移植”最终演化为部门法学者对于“法教义学”的共识。

随后，近10年来，因年轻一代学者的推动，法学教育领域普遍出现模仿大陆法系或英美法系教学改革的潮流，并主要体现为德国鉴定式案例研习课程的引入。此类课程教学，以法律规范构成要件的分析为起点，以案件事实的涵摄为核心步骤，层层演绎推导出案件具体的法律效果，其教学目的在于培养学生分析法条、查找资料、研究写作等法律人必备的思维和能力。其中以民法上的请求权基础案例研习课流传最为普遍。目前国内开设此类课程的政法院校包括北京大学、中国政法大学、华东政法大学、中南财经政法大学、西南政法大学、上海财经大学等，俨然已成燎原之势。

在上述三个法律移植发展趋势中，法学教育模式的变革是最为根本性的。因为它对于人才培养起到潜移默化的作用，统一法律人的思维模式，提升中国法律人共同体的整体水平和专业地位。尽管目前国内已有此类课程教学实践，但尚未有全面的关于德国民法案例研习课程教材的译著，而不熟悉德语原著的研究者或实践者，只能通过一般介绍或个案翻译管窥德国此类课程方法。鉴于此，本套丛书的策划者希望通过译丛的出版，原汁原味地引进德国民商法的案例研习课程教材，以供国内法学教育者参考和借鉴。

最后，有必要对于本套译丛的背景及意义再作几点交代。2016年我和沈小军老师与中国法制出版社马颖主任共同策划本译丛时，根据当时邀请到的译者和能够联系到的原著版权，确定第一批书目包括德国民法总论、债法总论、债法分论、物权法、继承法和公司法。现在看来，既然本译丛定位“民商法案例研习课程教材”，今后有必要进一步增补家庭法以及其他商法的教材。

标准意义上的请求权基础案例研习报告的撰写格式，已如上文所述。但从本译丛的部分作品来看，德国的教材并非千篇一律。例如，民法总论案例教材里先简介相关教义学知识，然后再展开案例研习示范。债法总论案例教材也有不少教义学知识的总结。再例如，继承法案例教材中，有些案例的问题和解题的起始句并不是“谁得向谁依据什么请求什么”，而是根据题目要求，可能是表现为“遗产如何继承？”“遗产管理如何执行？”等问题。这也正说明，其实“请求权基础案例研习”是个笼统的说法，有可能案例分析的对象不是请求权，而是其他待检验的法律效果。因此，用“鉴定体”统称此类案例研习报告或许更具有概括性。

国内政法院校开展鉴定式案例教学的时机已经成熟，本套译丛出版适逢其时。若有读者参考本译丛，探索案例研习教学，编者在此适当做些建议：其一，开课对象最好是学完民法学、对民法原理有初步掌握的学生。以案例研习巩固和熟悉民法知识体系效果较好。其二，开课人数每个班在30人之内，教学要求是书面报告结合课堂讨论。其三，案例研习报告严格要求学术规范包括参考文献和引注，由此提高学生的文献检索和写作能力。其四，案例事实的设计要简明清晰，避免事实不清。所反映的民法知识点，不能过于简单直接，否则沦为“举例”。可以设计一些疑难或障碍，使解题者体会到法律实践问题的复杂性。同时，还得提醒读者注意，鉴定体案例研习只是学习法律的一种日常教学形式，不能将之神化。它其实更多的是一种思考过程的展示，是解题者分析和得出结论之后的报告形式。因此，我们在教学中不能只注重其形式，而忽略了民法原理的实质性学习。

本套译丛的出版有赖各位译者以及出版社的共同努力。丛书的译者都有留德背景，有的取得了德国的法学博士学位，都是有实力的年轻学者。在中国当下出版译著，尤其是教材的译著，从科研精力投入上说并不划算，有的学校连任何成果都不算。从事这个翻译项目的译者更多是凭借着一种对民商法教学的热情和执着。中国法制出版社的马颖主任出于对本套译丛和译者们的认可，积极推动译丛的出版，以及编辑靳晓婷、王雯汀女士的辛苦付出，编者在此一并表示感谢。

**上海财经大学法学院教授，博士生导师　朱晓喆**

**2019 年 8 月 12 日**

# 前言

传统上继承法被认为具有强烈的法政策色彩。同时，它也具有经济功能：如“漏斗”一般将民众的财产一代代传递下去。基于如此重大的实践意义，它在法律教育中自然也有显著的地位。

本案例集讨论并深化司法实践中常见的问题。限于篇幅，当然无法穷尽所有裁决标准及内容。判例法（Richterrecht）中要点的筛选参照了国家法律考试的范围。因此本书也可以直接作为备考辅导材料，相应的考点均在其列。特别的重点在于继承法与民法其他部分的衔接，这在考试中往往扮演重要角色。

本书前一版距今已过去多年。所以，在修订时必须将其间的法律变化及判例发展补充进来。尤其是依联邦公证人条例第 78b 条以下及遗嘱目录条例建立的统一遗嘱目录、2015 年 8 月 17 日生效的欧盟继承（冲突）法以及依亲属程序法第 352 条以下所实施的继承证书程序。

本案例集最初是由 Andreas Heldrich 教授所写。自第 5 版起，由 Horst Eindenmüller 独立续作。第 6 版开始，Martin Fries 也参与了

进来。

就法律状况（立法及司法），更新至 2017 年 1 月 1 日止。

欢迎来自读者的建议及批判。

牛津及慕尼黑　2017 年 3 月

Horst Eindenmüller

Martin Fries

# 译者说明

本书内容为继承法案例的解题练习。书中所包含的十五个案例基本上涉及了德国民法典继承编在适用中会遇到的主要问题。既然是习题集，则应以基础知识的了解为前提。可是，由于是以德国继承法为基础，对于国内读者而言，理解上的主要问题可能有二。

首先是许多德国法上的特殊制度设计。虽然我国民法主要继受自大陆法系。但是，由于继承制度具有较强的固有性和习惯性，在具体制度的安排中，对外国法的借鉴相对有限。许多重要的具体构造并未引入。比如，本书中会涉及的继承契约、共同遗嘱、遗产返还请求权制度、遗产债务及先后继承制度等，对国内读者都属陌生。特留份制度虽然不难理解，但是我国理论中也缺乏完整的介绍。此外，德国法中遗赠与继承的定义，与我国学理上的区分也不相同。配偶继承方式与法定财产制的配合更加是天外之物（因为我国的夫妻法定财产制并非剩余财产分配制）。就这些内容，译者尝试尽量以明晰的方式进行译介并略作补充说明。只是，限于翻译的辅助特性，译者能够发挥的余地不大，以免喧宾夺主。读者如果希望对相应制度的基础知识有更多了解，还是应求助于专门的教科书。比如，史尚宽先生的《继承法论》，仍是汉语文献中的圭臬之作。

其次是继承编与民法前三编的关联问题。阅读本书中的案例，读者会很快发现，对民法前三编知识点的掌握程度会直接影响到对本书的理解。这其实是民法学习的应有之义。民法前三编，即总则、债及物权，是所有私法的基本出发点，却又是整个民法（广义）中最艰深而全面的部分。某种意义上说，前三编可以视为整个私法体系的总则部分。继承法的规则当然也符合这个前提。我国民法教研近几十年实践中（包括台湾地区）的一个重大遗憾即将亲属继承法割裂于前三编之外。这其实是值得商榷的。此外，死亡虽然是命中注定的事件，但其具体发生的时间点具有相当的偶然性。被继承人在身前原有的经济生活会随之戛然而止。法律虽然原则上规定了继承人对被继承人法律地位的全面继受，但是在实践中仍然会出现继承规则与其他民商事规则的冲突。后者的制度设计以及相应的生活安排在大部分情况下并不会周全考虑参与人死亡时的应对措施。此时，就需要在法律适用上协调继承法与其他私法规则。本书中，如死后人格权的保护、合伙份额的继承、利他契约中的死因给予及遗产请求权作为变形的物上请求权的制度设计，均体现了继承编与前三编全方位的联系。其他各种基本制度的扩展，如遗嘱的撤回及撤销，死因处分在形式及内容上的限制，也都以前三编的认知为起点。通过本书的研读，我国读者也可对这一当然的联系有更为准确精细的认知。

体例上，本书是所谓鉴定风格（**Gutachtenstil**）。简言之，即大前提与小前提的涵摄。读者首先看到的虽然是事实，即小前提。但是应尽量联想所有可能关联的法律制度（请求权基础），即大前提。并逐一检查该权利基础的构成要件为何，以及事实中的相关细节是否充分这些要件。最终确定是否成立相应的请求权。这一鉴定方式的优点在于，可能关联的请求权基础会被一一检查，没有遗漏；缺点则在于，过于繁琐。在法律基础教育阶段，也即德国的第一次国家考试，均以鉴定风格为准，以确保学生获得最扎实而严密的训练。与该风格相对应的是所谓判决风格（**Urteilsstil**），即先确定某个请求权基础成立，然后论证之。这一风格主要应用于判决写作，也是第二次国家考试的基本方式。当然，本质上来说判决风格也是以鉴定风格为基础的。因为法官的涵摄其实在草稿阶段进行，只是不体现在判决主文中。

读者在阅读时会发现，本书的解题过程，都是先假设可能存在某个请求权基础，罗列其构成要件，并对相应概念进行定义，然后将案例事实部分的细节代入该要件，以判断是否存在要件事实，进而判断所有构成要件是否一一充分，最终确定是否产生该请求权。所有可能的请求权基础会被逐一检视，不可遗漏。

关于这种鉴定风格，限于本书的内容，译者不宜过度展开。其实这是法律思维训练及法学教育方式讨论的问题。以后有待更好的机会，译者可以再作介绍。鉴于本书的限定方向，即继承法，其实还不能得见鉴定风格与请求权基础检查的全貌。后者往往在大型的综合案例中展其瑰丽之姿。本书中主要出现的是关于继承的请求权基础，因而仅得窥其一斑。

还要说明的是本书的注释。译者保留了索引的德语原文，仅翻译了作者的展开解说。这是因为，注释的功能本在于使读者可以通过指引查找到出处。如果将这些索引完全翻译成汉语，反而难以实现前述目的。对于许多期刊及判例汇编的译名，目前没有标准化。保留原文则可使读者更为便易地获取典出所在。

最后一点是术语的翻译。汉语对应词汇的选择以约定俗成的表达为准，也即清末以来的学术传统。比如，Familienrecht，暂时还是译为亲属法，而非家事法。这样做的另一个好处在于，百年以来学界前辈使用的这些术语，一般都有相应的明确定义。读者在理解有疑时，便于进一步查阅经典教科书。译者也会避免一些过于文牍的表达，语言上以符合当代读者的阅读习惯为指标。

译者学力尚浅，承担翻译工作主要也是给自己一个学习的机会。译文中或多舛误，贻笑大方在所难免。这里先向各位先进及同学致以歉意。如有雅正，本人感激不已！

胡坚明

## 缩略语列表

| | | |
|---|---|---|
| AcP | Archiv für die civilistische Praxis | 民事实务档案（期刊） |
| AfP | Archiv für Presserecht | 媒体法档案（期刊） |
| BayObLGZ | Entscheidungen des Bayerischen Obersten Landesgerichts in Zivilsachen, Amtliche Sammlung | 巴伐利亚州最高法院民事判例集（官方） |
| BB | Der Betriebsberater | 企业咨询（期刊） |
| BeurkG | Beurkundungsgesetz | 公证法 |
| BewG | Bewertungsgesetz | 价值估算法 |
| BGB | Bürgerliches Gesetzbuch | 民法典 |
| BGBl. | Bundesgesetzblatt | 联邦法律公报 |
| BGHZ | Entscheidungen des Bundesgerichtshofes in Zivilsachen, Amtliche Sammlung | 联邦法院民事判例集（官方）[1] |
| BStBl. | Bundessteuerblatt | 联邦税务公报 |
| BVerfGE | Entscheidungen des Bundesverfassungsgerichts, Amtliche Sammlung | 联邦宪法法院判例集（官方） |
| BWNotZ | Zeitschrift für das Notariat in Baden-Württemberg | 巴登符腾堡州公证事务期刊 |
| DB | Der Betrieb | 企业（期刊） |
| DFG | Deutsche Freiwillige Gerichtsbarkeit | 德国其他司法程序（期刊）[2] |
| DNotZ | Deutsche Notar-Zeitschrift | 德国公证人期刊 |
| DR | Deutsches Recht | 德国法律（期刊） |
| EGBGB | Einführungsgesetz zum Bürgerlichen Gesetzbuche | 民法典实行法 |
| FamRZ | Zeitschrift für das gesamte Familienrecht | 亲属法期刊 |
| Fn. | Fußnote | 脚注 |
| GBO | Grundbuchordnung | 土地登记簿条例 |
| GG | Grundgesetz | 基本法 |
| GRUR | Gewerblicher Rechtsschutz und Urheberrecht | 营业性法律保护与著作权法（期刊） |
| HGB | Handelsgesetzbuch | 商法典 |

[1] 译者注：该法院自 1950 年起为民事终审法院。

[2] 译者注：原文 Freiwillige Gerichtsbarkeit 这个词不能直译为自愿程序。这个概念用法包含了普通民事程序以外的大部分非典型民事程序，甚至亲属法程序，因此暂时译为其他司法程序。

**续表**

| | | |
|---|---|---|
| HRR | Höchstrichterliche Rechtsprechung | 最高法院判例 |
| InsO | Insolvenzordnung | 支付不能法[1] |
| JA | Juristische Arbeitsblätter | 法律学习（期刊） |
| JFG | Jahrbuch für Entscheidungen in Angelegenheiten der Freiwilligen Gerichtsbarkeit und des Grundbuchrechts | 其他司法程序及土地登记事务判例年刊 |
| JR | Juristische Rundschau | 法律评论（期刊） |
| Jura | Juristische Ausbildung | 法律教育（期刊） |
| JuS | Juristische Schulung | 法律训练（期刊） |
| JW | Juristische Wochenschrift | 法律周刊（期刊） |
| JZ | Juristenzeitung | 法律人报（期刊） |
| KG | Kammergericht | 王室法院[2] |
| KunstUrhG | Gesetz betreffend das Urheberrecht an Werken der bildenden Künste und der Photographie (Kunsturhebergesetz) | 艺术著作权法 |
| LM | Lindenmaier/Möhring, Nachschlagewerk des Bundesgerichtshofes in Zivilsachen | 联邦法院民事参考资料 |
| LPartG | Gesetz über die Eingetragene Lebenspartnerschaft | 同性伴侣法 |
| MarkenG | Gesetz über den Schutz von Marken und sonstigen Kennzeichen | 商标法 |
| MDR | Monatsschrift für Deutsches Recht | 德国法月刊 |
| Mot. | Motive zum BGB | 民法典立法理由汇编 |
| NJW | Neue Juristische Wochenschrift | 新法律周刊 |
| NJW-RR | NJW Rechtsprechungsreport Zivilrecht | 新法律周刊判例报告（子刊物） |
| OGHZ | Entscheidungen des Obersten Gerichtshofes für die Britische Zone in Zivilsachen, Amtliche Sammlung | 英占区最高法院民事判例集（官方） |
| OLGR | Die Rechtsprechung der Oberlandesgerichte auf dem Gebiete des Zivilrechts | 高等法院民事判例集 |

---

[1] 译者注：原文的 Ordnung 并不能译为条例或者其他，德国法律体系中所有的程序法均使用了 Ordnung 一词，如三大诉讼法：民事诉讼法（ZPO）、刑事诉讼法（StPO）及行政诉讼法（VwGO）。所以，对应汉语的表达方式，Insolvenzordnung 也只能译为支付不能法。不仅是实质意义上的法，更是形式意义上的法，法律位阶上仅次于宪法。

[2] 译者注：即柏林地方高等法院，习惯上称呼。

**续表**

| | | |
|---|---|---|
| OLGZ | Entscheidungen der Oberlandesgerichte in Zivilsachen einschließlich der freiwilligen Gerichtsbarkeit | 高等法院民事判决汇编（含其他民事程序） |
| PatG | Patentgesetz | 专利法 |
| Prot. | Protokolle der Kommission für die 2. Lesung des Entwurfs des Bürgerlichen Gesetzbuches | 民法典草案二读（专门委员会）会议记录 |
| RdA | Recht der Arbeit | 劳动法（期刊） |
| Recht | Das Recht | 法律（期刊） |
| RGBl. | Reichsgesetzblatt | 帝国法律公报 |
| RGZ | Entscheidungen des Reichsgerichts in Zivilsachen, Amtliche Sammlung | 帝国法院[1]民事判例集（官方） |
| RPfleger | Der Deutsche Rechtspfleger | 德国司法行政官（期刊） |
| RPflG | Rechtspflegergesetz | 司法行政官法 |
| StGB | Strafgesetzbuch | 刑法典 |
| StVG | Straßenverkehrsgesetz | 道路交通法 |
| UrhG | Gesetz über Urheberrechte und verwandte Schutzrechte | 著作权及邻接权法 |
| VerschG | Verschollenheitsgesetz | 失踪法 |
| VersR | Versicherungsrecht | 保险法 |
| Warn | Jahrbuch der Entscheidungen zum Bürgerlichen Gesetzbuch und den Nebengesetzen, begr. von Warneyer | 民法典及相关法律判例年刊 |
| WM | Wertpapiermitteilungen | 票据通讯（期刊）（现在主要以经济法及银行法为内容） |
| WRP | Wettbewerb in Recht und Praxis | 竞争法及实务（期刊） |
| ZEV | Zeitschrift für Erbrecht und Vermögensnachfolge | 继承法及财产继受法期刊 |
| ZGR | Zeitschrift für Unternehmens- und Gesellschaftsrecht | 企业法及公司法期刊 |
| ZPO | Zivilprozessordnung | 民事诉讼法 |
| ZZP | Zeitschrift für Zivilprozess | 民事诉讼期刊 |

[1] 译者注：该法院即 1879 年至 1945 年的民事终审法院。

# 目录
Contents

# 案例一　死者人格保护

## 关键词

妨害防止之不作为之诉　原告适格（Aktivlegitimation）　利益衡量　抚慰金

## 案件事实

1933年，作家M出于政治理念离开了德国。1936年，他在阿姆斯特丹发表了德语著作《梅菲斯特——一段成长史》。该书讲述了一个出身中下层、名叫H的天才演员如何成功的故事。其中将之描绘为一个精于钻营而冷酷无情的机会主义者，在纳粹时期极为活跃，同时还是一个性变态。该人物的外形及经历——身材、容貌、着装、扮演过的角色（尤其是其代表性角色：梅菲斯特），以及担任普鲁士国家剧院经理的职务——完全符合演员及导演G的情况。就连G身边的人士也不难在小说中找到对应的人物。不过，在这一以第一人称写成的作品中，作者也添加了许多虚构的段落。如主人公与当权者的交往以及与一个舞蹈演员的不正常关系。由于这些负面描写并不符合G的真实情况，因而给读者呈现了一个不实的人物形象。

M在20世纪20年代与G是朋友。G亦曾与M的妹妹有过一段短暂的婚姻。那些负面的描写很可能是出于M对过去老友的私怨。

1949年，M自杀身亡。

1956年，该小说在东柏林由V出版社再版发行。在该书的末页中附加了一段声明：本书所提到的人物纯属虚构。

1957年，G的养子A以G的名义提出了异议，不过未有回应。

1963年8月，V出版社宣布将在西德发行该书。

在G去世以后，他的养子及唯一继承人A于1963年10月7日要求停止出版行为。

## 问题：

一、A是否有不作为请求权？

二、A是否可以请求取得尚未售出的版本并销毁出版社已经印好的书？

三、A是否可以基于对G的形象歪曲而请求抚慰金？

四、如果时间已经过去很久，对A的权利是否有所影响？

## 原始判例：

BGH 20.3.1968-I ZR 44/66，BGHZ 50，133；

BVerfG 24.2.1971-1 BvR 435/68，BVerfGE 30，173；

BGH 1.12.1999-I ZR 49/97，BGHZ 143，214；

BVerfG 22.6.2006-1 BvR 1168/04，BVerfGK 9，83；

BGH 5.10.2006-I ZR 277/03，BGHZ 169，193.

## 解答

### 一、请求停止出版

A 的请求权可以通过预防性不作为之诉提出。该种诉的类型[1]由判例及学术发展而来。

#### （一）预防性不作为请求权

民法典中规定了一系列保护绝对权的不作为请求权，以防止将来的妨碍（比较第 12 条、第 1004 条第 1 款、第 1027 条、第 1065 条、第 1090 条第 2 款、第 1134 条第 1 款、第 1192 条第 1 款及第 1227 条）。在民法典第 862 条第 1 款中亦有相应保护占有的规定。同时，在其他私法规则中也有关于请求停止滥用商号、商标和营业性标识（比较商法典第 37 条第 2 款及商标法第 14 条第 5 款和第 15 条第 4 款）以及妨害专利和著作权（比较专利法第 139 条第 1 款及著作权法第 97 条第 1 款）的规定。从这些个别规定中可以**类推**出一个一般法律规则：若绝对权（actio negatoria）或受法律保护之法益（actio quasi negatoria）被妨害，[2]且尚有继续妨碍之虞者，即便该妨碍非由

[1] 译者注：指实体法意义上的诉的类型，而非诉讼法意义上。

[2] 译者注：按文意，应直译为不作为之诉及准不作为之诉。所谓“准”，即该诉请本来是绝对权之效果而非普通法益，所以后者只能准用前者的法律效果。

于过错所致，[1]均可以请求停止继续妨害。[2]依前述法定规则的文义，这一请求权的产生以违法妨害**已经实现**为前提。判例则不以此为要，而是认为，若妨害的意图及准备可确定得知时即有该请求权。[3]因此，权利人无需等到妨害实际发生。同时，不作为请求权在仅有**初次**妨害之虞时也得成立。

## （二）一般人格权之侵害

本案中所涉之一般人格权作为一种绝对权已为判例及通说所认许。[4]即将出版小说的行为将有损于 G 的个人形象。依判例，就他人性格及生活的歪曲描绘也构成对其一般人格权的侵害。[5]本案的症结仅在于不作为主张提出的时间点在权利人去世之后，此时死者一般人格权保护应如何及在何种范围内得以实现？

### 1. A 对一般人格权的继承

A 或可作为 G 的继承人依**继承**取得一般人格权。不过，依通说，就精神利益的保护，一般人格权不可继承。[6]因为继承权在私法上主要关乎对**财产**权利及义务的承受（比较第 1922 条及第 1967

---

[1] 依通说，此种请求权仍以妨害行为客观上之违法性为要件：BGHZ 3，270，275；84，237，238；197，213；*Larenz/Canaris*，Schuldrecht II 2，§ 86 I；*Medicus/Petersen*，Rn. 440，628；*Looschelders*，Schuldrecht BT，Rn. 1428.

[2] RGZ 116，151，153；BGHZ 27，284，289；84，237，238；*Larenz/Canaris*，Schuldrecht II 2，§ 86 I；*Medicus/Petersen*，Rn. 440，628；*Looschelders*，Schuldrecht BT，Rn. 1428.

[3] RGZ 101，135，138；BGHZ 2，394，395 f.；BGH NJW 2016，863，865.

[4] BGHZ 13，334，338；MüKoBGB/*Rixecker*，Anh. § 12 Rn. 1 ff.；*Schwerdtner*，JuS 1978，289 ff.；*Medicus/Petersen*，Rn. 615；*Larenz/Canaris*，Schuldrecht II 2，§ 88.

[5] BGHZ 39，124，128 f.；31，308，318；BGHZ 128，1，10.

[6] MüKoBGB/*Leipold*，§ 1922，Rn. 98；Staudinger/*Marotzke*，§ 1922 Rn. 131.

条）。比如，知识产权这类混合性权利，其精神法益部分即不在继承范围内。而一般人格权并无财产性权利的特性，只就保护精神利益而言该权利不可继承。而且，一般人格权具有**高度人身属性**，仅在于保护权利人自身的个人私密空间。此外，即使一般人格权可以继承，死者的利益是否确实可以被有效保护也令人怀疑。通常情况下继承人关心的只是财产的取得，而不会为被继承人的人格利益费心。

不过，一般人格权中也可能包含财产价值，这一内容或可继承。[1] 知名人士（如运动员、演员及艺术家等）的肖像及姓名有巨大的经济价值。例如，他们通过代言广告所获得的丰厚报酬。过去几十年的法律发展已使一般人格权的诸多方面得以商业化，现实中也确实产生了大量利益。广告在产品销售及第三产业中扮演了重要角色。为了不使他人非法获取这些利益，权利人死后的利益保护也需法律明定。比如，死者肖像的不法使用等问题，应该使继承人在法律上有相应的救济可能。[2] 因此，虽然在通常情况下一般人格权中具有财产价值的利益不能转让，但判例出于预防性目的承认了其可继承性。[3] 如此，本案中认定 A 是否有请求权的关键便在于案情所涉情事关乎被继承人不可继承的精神利益抑或是可继承的财产利益。就扭曲 G 的个人形象而言，M 并非为了获取经济利益。实际上其中也无利可图。真正受损的是 G 的人格利益。就此而言，没有继承的可能。

---

[1] BGHZ 143, 214, 219; BVerfG NJW 2006, 3409, 3410.

[2] BGHZ 143, 214, 223; BVerfG NJW 2006, 3409, 3410.

[3] BVerfG NJW 2006, 3409, 3410; BGHZ 143, 214, 223 ff.; 169, 193, 195.

### 2. 就已成立之不作为请求权的继承

本案中，对 G 一般人格权的妨碍实际上在 G 生前便已发生。本来应由 G 排除之。这一已经产生的**不作为请求权**或可依民法典第 1922 条第 1 款由 A 继承。不过，如果产生该不作为请求权的基础权利（Stammrecht）仅旨在精神利益的保护时，作为其效果的不作为请求权仍然不能继承。

如此，需要澄清的是，本案中的防止性请求权是否具有实体法要素（materiell-rechtliche Komponente），抑或一种纯粹的诉讼法构造（rein prozessuales Rechtsinstitut）。后者的特点在于不以实体法上之请求权为依据。[1] 通说采前一观点：不作为请求之目的乃在保护特定法律上地位于将来不受妨害。[2] 本案中，一般人格权中之精神方面即为一种纯粹精神性的法律地位。所以，A 作为继承人不能取得相关之请求权。

判例则认为，如果依民法典第 249 条第 1 款之恢复原状不能充分填补所受之精神损害或者恢复原状根本不能，而一般人格权之侵害又非常严重，则可以承认金钱赔偿请求权。[3] 这一判决系基于基本法第 1 条第 1 款及第 2 条第 1 款的价值判断。在不否认相关妨害仅涉及精神方面的前提下，将该金钱赔偿归入民法典第 253 条第 1 款所谓的对精神损害的金钱抚慰。这是第 253 条第 2 款所列情形之外的一种特别情况。

---

[1] *Esser/Weyers*, Schuldrecht II 2, § 62 IV.

[2] Palandt/*Herrler*, § 1004 Rn. 31; Staudinger/*Gursky*, § 1004 Rn. 212; *Larenz/Canaris*, Schuldrecht II 2, § 87 I 2; *Henckel*, AcP 174 (1974), 97, 120 ff.

[3] BGHZ 26, 349 ff.; 35, 363, 367; 39, 124, 130 ff.; 95, 212, 214 f.; 128, 1, 15; 169, 193, 195; BGH NJW 2005, 212; 2006, 605, 608.

### （三）死后人格保护在宪法上之准据

由此看来，G 死后的人格保护在继承法上已无可能。可是，就人之尊严不可侵（基本法第 1 条第 1 款）这一宪法固有性要求而言，此种保护又不可剥夺。虽然基本法第 2 条第 1 款所保护的人格自由以基本权利的主体有权利能力（即生者）为前提。[1] 但是人格的自由发展也包含对死后人格充分保护的期待。[2] 这一人格保护的基础是基本法第 1 条第 1 款（人之尊严不可侵犯）。具体而言，被保护的内容是个人生平所取得的道德及操守的社会性认可（der sittliche, personale und soziale Geltungswert），[3] 就此可以要求获得他人的基本尊重（allgemeiner Achtungsanspruch）。这一内容独立于基本权利（人格自由）一般的保护范围。如果生前所享有的人格尊严（die Würde kraft des Personseins）在死后有所贬损，便会与人之尊严不可侵性这一要求不符。[4]

不过，这一宪法上的价值判断仍然需要在法律技术层面上予以落实。理论上有如下几种构造可能。

#### 1. 近亲属自己的一般人格权

首先可能的是通过近亲属自己的人格权来保护死者的精神人格法益。[5] 只是，近亲属的法律地位其实并未受到影响，承认其得以主张他人利益的可能性在教义学上似不妥当。况且，有疑问的还在

---

[1] BVerfGE 30, 173, 194.

[2] BGHZ 50, 133, 138 f.; *Heldrich*, FS *Heinrich Lange*, 1970, S. 167.

[3] BVerfGE NJW 2006, 3409; NVwZ 2008, 549, 550.

[4] BVerfGE 30, 173, 194.

[5] Soergel/*Stein*, § 1922 Rn. 23; *Stein*, FamRZ 1986, 7, 8 f.; *Westermann*, FamRZ 1969, 561, 566 ff.

于，通过尊重近亲属与死者之间情感性及社会性的联系，是否可以有效达成保护死者人格权的目的。[1] 侵害**死者**人格并不必然同时侵害近亲属的人格权。[2] 更有甚者，死者的形象就是被其近亲属所歪曲的。[3] 此时，从对近亲属的人格保护根本无法导向对死者的人格保护。[4] 所以，对两者一般人格权的侵害还是应该加以区分。

**2. 死后之部分权利能力**

另一种构造可能是承认死后具有部分权利能力，其范围仅限于一般人格权。[5] 固然，理论中为保护胎儿之利益而不同程度地倾向于承认出生前之部分权利能力。[6] 不过，这主要是为了在获得完全权利能力之前的过渡阶段（即指受孕到生产之间不可跳过之怀孕时间）所作的权宜之计。相反，认定死后权利能力则没有坚实的基础。[7] 毕竟，人死以后承担权利义务的载体已不存在。[8] 纵然承认死后有完全权利能力也没有意义。[9]

**3. 人格权作为一种无主体之权利**

在 *Cosima Wagner* 案中，联邦法院本来倾向于认定一般人格权在权利主体死后作为无主体之权利继续存在。在受侵害时，有侵权法

---

[1] OLG Jena NJW-RR 2005，1566；LG Düsseldorf BeckRS 2010，26735. 两例中均承认近亲属在死者死后有所谓“不被打扰之悲痛的权利（Recht auf ungestörte Trauer）”。

[2] 比较：BGH GRUR 1974，794，795；1974，797，800；*Brox/Walker*，Rn. 16.

[3] *Koebel*，NJW 1958，936，938.

[4] MüKoBGB/*Leipold*，§ 1922 Rn. 100；*Heldrich*，FS *Heinrich Lange*，1970，S. 171.

[5] MüKoBGB/*Schmitt*，§ 1 Rn. 55.

[6] 比较：MüKoBGB/*Schmitt*，§ 1 Rn. 31；BGHZ 58，48，50.

[7] *Westermann*，FamRZ 1969，561，563.

[8] 比较：Staudinger/*Hager*，§ 823 Rn. C 39；MüKoBGB/*Rixecker*，Anh. § 12 Rn. 33；Soergel/*Stein*，§ 1922 Rn. 24.

[9] *Buschmann*，NJW 1970，2081，2087.

上之请求权。[1] 但这一方案在教义学上同样无法成立。无主体之权利主要适用于如下情形：某一法律上之地位虽然暂时没有承担者，但为其将来之主体而使其存续。[2] 而死者之一般人格权则永远不会有新的主体出现。

**4. 保护人格权作为一般法律义务**

联邦法院在 *Mephisto* 案中曾写道："在权利人因死亡而失去权利能力后，法秩序仍得令法律生活之成员注意受保护之法益。相应地，不作为请求权亦可由权利主体以外之人主张。"[3] 如此，法秩序将尊重死者之人格形象作为一种一般法律义务，其不以特定权利之主体存在为必要。这一义务可在刑法典第 168 条[4] 及第 189 条[5] 中见其一斑。其中体现了人格保护的持续作用，即"在死者身后对其生前作为的继续尊重"。[6] 违反这一法律义务便构成民法典第 823 条第 2 款意义上的"违反保护性法律"。司法判例根据基本法第 1 条第 1 款也发展了相应的人格保护。[7] 由此，权利主体作为不作为请求权必要之前提的问题便不再重要。民法典第 823 条第 2

[1] 人格权于原权利人死后继续存在，因为人格中受保护之价值不随死亡而消灭。BGHZ 15, 249, 259; 50, 133; Staudinger/*Hager*, § 823 Rn. C 38.

[2] *Heldrich*, FS *Heinrich Lange*, 1970, S. 168; *Schwerdtner*, Das Persönlichkeitsrecht in der deutschen Zivilrechtsordnung, 1977, S. 108.

[3] BGHZ 50, 133, 137. 另据 BGHZ 50, 133, 138："在承认一般人格权的基础上可认为保护死者人格利益是一项一般法律义务。在其身后，其他法律生活之参与者需注意之。"

[4] 译者注：刑法典第 189 条系侵害死者声誉罪。

[5] 译者注：刑法典第 168 条系侵害遗体及骨灰等罪。

[6] *Schönke/Schröder/Lenckner/Eisele*, StGB § 189, Rn. 1; *Hassemer*, Theorie und Soziologie des Verbrechens, 1972, S. 177 ff.; *Hirsch*, FS *E. A. Wolff*, 1998, S. 125, 141 ff.

[7] *Brox/Walker*, Rn. 16; *Küchenhoff*, FS *Geiger*, 1974, S. 45, 49. 其中将基本法第 1 条第 1 款第 2 句直接视为保护性法律。

款本来就是对该条第1款之保护范围的扩展，即不以特定权利之侵害为前提。作为该保护性法律保护对象的死者去世后，[1]仅其请求权人地位消灭，而保护义务犹存。借由民法典第823条第2款可就受保护之法益被妨碍或有妨碍之虞提出“准”不作为请求（actio quasi negatoria）。[2]

（四）A在实体法上的权限

仍有疑问的是，A在实体法上是否有权主张该不作为请求权。在不认可防御性请求权是前述所谓无主体权利，而死者自己又无法主张其权利的情况下，必须使他人成为受托的请求权人（Treuhänder）。[3]

人格权虽有人身属性，但其主体可委任他人代其主张权利。[4]同样，这一委任也**可以**通过死因处分实现，因为该处分行为并非仅限于民法典第1937条以下的遗产安排。遗嘱的法定**形式**在这里并**不必要**。[5]受委任者也可以是**法人**。[6]此外，通过类推适用刑法典第77条第2款及艺术著作权法第60条第2款可使死者近亲属成为权利行使人。[7]受委任人与近亲属及近亲属之间也没有权利行使的顺

---

[1] *Schwerdtner*, S. 109 f.; MüKoBGB/*Leipold*, § 1922 Rn. 100.

[2] MüKoBGB/*Wagner*, Vorbem. §§ 823 ff. Rn. 25.

[3] Staudinger/*Hager*, § 823 Rn. C 39; *Lange/Kuchinke*, § 5 III 5a Fn. 121.

[4] BGHZ 50, 133, 139 f.; BGH WRP 1984, 681, 682 f.

[5] BGH WRP 1984, 681, 683 f.; *Stein*, FamRZ 1986, 7, 15.

[6] BGH WRP 1984, 681, 682 f.; BGH NJW 1990, 1986, 1987.

[7] BGHZ 50, 133, 140; MüKoBGB/*Leipold*, § 1922 Rn. 98 m.w.N; *Brox/Walker*, Rn. 16; *Lange/Kuchinke*, § 5 III 5b. 相反意见认为所引法条不可类推适用，仅继承人有行使权限。*Stein*, FamRZ 1986, 7, 16. 同性生活伴侣的行使权限参见：OLG München NJW 2002, 305.

位差别。[1] 因为死者权利保护在部分有行使权限人态度消极甚至自己就是侵害人时尤为必要。不过，在部分有行使权限人同意侵害行为时，可以推定没有违反保护死者人格的法律义务。[2] 所以，本案中就 A 的行使权限并无疑义。[3] 一方面，G 在其生前即委任 A 阻止小说的流通；另一方面，A 作为养子也是 G 的近亲属（比较民法典第 1754 条）。[4]

### （五）一般法律义务的违反及其违法性

判断是否违反尊重死者人格利益的一般法律义务的标准与实务中判断是否妨害一般人格权者相同。重要的是通过全面的利益衡量使较为宽泛的违法性构成要件在具体个案中有效落实。[5] 基于基本权利对第三人的间接作用，尤其重要的是站在立宪者的角度去考量

---

[1] 相反观点参见：LG Bürckeburg NJW 1977, 1065, 1066; MüKoBGB/*Leipold*, § 1922 Rn. 98; BGHZ 50, 133, 139 f.; BGH WRP 1984, 681, 683; *Stein*, FamRZ 1986, 7, 15.

[2] BGHZ 50, 133, 140; *Heldrich*, FS *Heinrich Lange*, 1970, S. 172.

[3] 这里仅指其实体法上之权限。诉讼法上之能力问题参见：BeckOK ZPO/*Hübsch*, § 51 Rn. 34 ff.

[4] 译者注：这里讨论的所谓起诉权限指的全是原告在实体法上的正当性（Aktivlegitimation），这与诉讼能力（Prozessfähigkeit）或诉讼担当能力（Prozessführungsbefugnis）不同。后两个概念都是诉讼法上的判断，也是所谓法院进行实体裁判的先决问题（Sachurteilsvoraussetzungen），或者说程序性问题，即该诉是否被允许（Zulässigkeit）。如果这些要件不充分，法院直接驳回诉请，不会对诉的内容进行实体法上的检查，即该诉是否于法有据（Begründetheit）。原告在实体法上的正当性其实就是原告是否是实体法上的请求权人（债权人），这是法院实体裁判的内容。相应，被告在实体法上的适格问题（Passivlegitimation），即是否是正确的请求权相对人（债务人）。

[5] 译者注：违法性要件通常在妨碍或侵害发生时推定之，在一般人格权时则必须主张者证明。因为此时必须衡量相冲突的对方基本权利，以确定侵害是否是对方正当的权利行使行为。后者在宪法理论中即所谓宪法内限制（verfassungsimmanente Einschränkung），即宪法内同位阶之价值互相的限制，常见者即两个基本权利。

侵害者的基本权利。[1] 即便死后人格保护是衍生自人之尊严这一最高价值，[2] 前述的衡平仍不可掠过。因为，判断是否触及了绝对不可侵的人之尊严这一问题，必须在具体个案中考虑了整体利益状态时才有定论。[3]

本案中，有关的基本权利首先是**艺术自由**（基本法第 5 条第 3 款第 1 句）。其作为言论自由（基本法第 5 条第 1 款）这一基本权利项下的特别权利在宪法中受到优先保护。[4] 基本法第 5 条第 2 款对言论自由的限制仅适用于普通言论自由，不适用于艺术自由。[5] 不过，在艺术作品涉及同代人的个人及生活信息时，这一基本权利会与他人的人格自由相冲突。[6] 评价这一利益状态的关键在于，“所塑造的艺术形象是否以及在多大程度上已经独立于原型，是否仅保留了一般特点，而略去了具有个人私密特性的内容”[7]。达到这一标准，则不构成对人格的不法侵害。相反，“如果作品明显是取材于某个具体人物，而又被凭空臆想的内容所扭曲，且并非讽刺类或漫画类的夸张性艺术手法”[8]，则其行为具有不法性。

综上，本案中出版发行小说的行为违反了尊重死者人格利益的

---

[1] BVerfGE 7, 198, 205 f.; 84, 237, 238 ff.; BVerfG NJW 1984, 1741.

[2] 译者注：在宪法理论中，人之尊严这一最高价值不可与其他价值进行比较衡量，具有所谓绝对的不可侵性。

[3] BVerfGE 45, 187, 242; BVerfG NJW 2001, 2957, 2959; 2001, 594; 2002, 609.

[4] BVerfGE 30, 173, 200. 相反观点：BGHZ 50, 133, 143 f.

[5] BVerfGE 30, 173, 191; *Alexy*, Theorie der Grundrechte, 1985, S. 107 f. u. S. 258 ff.

[6] 译者注：互相构成彼此的宪法内限制，见前译注。

[7] BVerfGE 30, 173, 195; *Alexy*, Theorie der Grundrechte, 1985, S. 84 ff.; BGHZ 84, 237; BVerfGE 119, 1; *Eidenmüller*, NJW 1991, 1439 ff.; *Robak*, AfP 2009, 325 ff.

[8] BGHZ 50, 133, 146 f.; BVerfGE 30, 173, 198 f. u. 218; *Meyer/Cording*, JZ 1976, 737, 741; *Canaris*, JuS 1989, 161, 172; *Lenski*, NVwZ 2008, 281, 282 ff.

一般法律义务。A 可以请求停止出版发行行为。V 是否有过失，则非所问。

## 二、没收并销毁尚未出售的书

小说一旦出版，便违反了前述的一般法律义务。A 可以请求排除已经产生的违法妨害。判例及通说均认为，如果妨碍发生的可能可以通过预防性不作为请求权排除，那么在该妨碍确实发生并持续存在时，也可请求**排除**之。[1] 其法律上的依据在于类推适用前述的法定请求权（民法典第 12 条、第 862 条第 1 款、第 1004 条第 1 款及著作权法第 97 条第 1 款）。需要注意的是，该请求权不以妨害人的过错为必要。此点区别于第 823 条第 1 款及第 2 款的侵权行为请求权。排除妨害请求权仅旨在结束持续中的妨害状态，而非填补已经产生的损害。请求之内容也限于妨害人能力所及之范围。[2] 本案中，A 请求没收并销毁相关书籍旨在消灭妨害的根源。这一请求权同样存在。

## 三、请求抚慰金

如果书籍已经出版且 V 有过错，则可能有依第 823 条第 2 款的损害赔偿请求权。就恢复原状而言，G 死后便不再可能因为人格利益的妨害而有任何财产上的损失。[3] 如此，有疑问的是，V 作为受任人可否提出该请求权。此外，可能的还有就死者**精神性**

[1] *Larenz/Canaris*, Schuldrecht II 2, § 86 I; *Medicus/Petersen*, Rn. 629; BGH GRUR 1974, 797, 798; BGHZ 107, 384.

[2] *Larenz/Canaris*, Schuldrecht II 2, § 86 I; BGH VersR 1986, 687, 688.

[3] *Lange/Kuchinke*, § 5 III 5e; *Koebel*, NJW 1958, 936, 938.

损害的金钱补偿，这在依民法典第 249 条第 1 款的恢复原状不足时有其意义。[1] 判例中，在严重侵害生者的一般人格权时已经承认这一请求权。有认为抚慰金请求权所具有的防范功能对保护死者人格更有意义。不过，同样可能的是，对于遗属而言侵害行为会变成一桩有利可图的事情。如此，承认抚慰金便难以达到金钱补偿的初始目的。[2] 依照最高法院判例的倾向来看，所谓的防范功能也是相对于填补损失并抚慰受害者以外的次要出发点。[3] 相反，现实世界中的金钱根本不能抚慰已经故去的死者。仅有预防性功能尚且不能支撑一个损害赔偿请求权。因此，本案中没有抚慰金请求权。

## 四、时间因素的考虑

显然，死后人格利益不能永远受到法律保护。随着时间的流逝，对死者的追忆渐渐淡去，对其人格形象的维护也慢慢被忽视。[4] 相反，在世者的法益则更为重要。“不能仅仅因为对某个历史事件的错误描述而使当事人始终陷于被请求的困境中。”[5] 不过，对法律保护设

---

[1] 译者注：这里的理论前提是，德国损害赔偿法上严格区分金钱补偿和恢复原状，后者是原则，前者是例外。只在法律明定的情况下有其可能。

[2] BGH GRUR 1974，797，800；BGHZ 165，203；*Brox/Walker*，Rn. 16. 相反观点参见：OLG München GRUR-RR 2002，341；Soergel/*Stein*，§ 1922 Rn. 23；*Westermann*，FamRZ 1969，561，571. 后者认为基于对遗属的人格侵害而有抚慰金请求权。

[3] BGHZ 128，1，12；MüKoBGB/*Leipold*，§ 1922 Rn. 99 m. w. N.

[4] BGHZ 50，133，140；BVerfGE 30，173，196；LG Berlin GRUR 1980，187，188；*Heldrich*，FS *Heinrich Lange*，1970，S. 167；MüKoBGB/*Rixecker*，Anh. § 12 Rn. 33；*Stein*，FamRZ 1986，7，16.

[5] BGHZ 50，133，141.

定严格的**时限**也不必要。[1] 因为请求主体本来就仅限于有主张权限的人。[2] 而且，在利益衡量中也会考虑保护必要性的问题。本案中，如果事情已经过去了许久。对一个昔日明星的回忆渐渐褪去后，[3] 不作为请求权便不可再主张。[4]

[1] 就人格权中的财产利益部分，联邦法院通过类推适用艺术著作权法第 22 条设置了 10 年的限制。BGHZ 169, 193, 195; *Röthel*, LMK 2007, 213345.

[2] BGHZ 50, 133, 141.

[3] *Kastner*, NJW 1982, 601, 605; LG Berlin GRUR 1980, 187, 188 f.

[4] BGHZ 107, 384: 画家 *Emil Nolde* 去世 30 年，联邦法院则认为尚在保护期内。

# 案例二　继承合伙份额

## 关键词

遗嘱形式　法定继承的法律效果　公开商事合伙中合伙人地位的继承　入伙条款　一般继受条款　特别继受条款

## 案件事实

A、B及C是一个公开商事合伙的合伙人。合伙契约规定，每个合伙人均有权在其个人的遗嘱中指定一个人继承其合伙人地位。如果没有该死因处分，则由合伙人的配偶在其死后加入合伙。

A和他的妻子X用打字机共同起草了一份共同遗嘱，他们各将对方列为继承人。在他们中晚去世的一方身后，他们的孩子Y和Z则将继承该方的财产。

## 问题：

一、A死后，继承情况如何？

二、合伙份额由谁继承？对于其他共同继承人又有何种相应的法律效果？

三、A是否可以通过遗嘱就合伙份额指定遗产管理的执行？

## 原始判例：

BGH 22.11.1956-II ZR 222/55，BGHZ 22，186；

BGH 10.2.1977-II ZR 120/75，BGHZ 68，225；

BGH 14.5.1986-IVa ZR 155/84，BGHZ 98，48；

BGH 3.7.1989-II ZB 1/89，BGHZ 108，187.

# 解答

## 一、A死后的继承情况

### （一）A与X共同遗嘱的有效性

依民法典第1937条，被继承人可以通过遗嘱确定其继承人。依民法典第2265条，仅夫妻双方可立共同遗嘱。[1]本案中，有疑问的是，遗嘱的形式是否有效。这一问题首先指向民法典第2231条以下死因

[1] 依同性生活伴侣法第10条第4款，同性生活伴侣与夫妻具有相同权利。

处分之形式的一般规则。[1] 第 2231 条要求遗嘱或者由公证人作成或者由被继承人依第 2247 条亲笔写成。在共同遗嘱时，依第 2267 条可由一方依第 2247 条写成文书而双方各自签名。[2] 本案中，第 2247 条的要件并未充分。因为该条要求亲笔完成，即亲手用纸笔写成。如此才能在事后通过笔迹确定其真实性。使用打字机则不符合这一要求。[3] 由此，依民法典第 125 条第 1 句该遗嘱因形式不合而无效。

### （二）法定继承

既然死因处分无效，则发生法定继承的法律效果。[4] 由于事实中没有特别提示，可以认为 A 与 X 的婚姻采取法定财产制，即剩余财产分配制。如此，依第 1931 条第 1 款和第 3 款及第 1371 条第 1 款，X 取得遗产的一半。Y 与 Z 则作为第一顺位继承人取得遗产的另一半（第 1924 条第 1 款及第 3 款）。

---

[1]　BGHZ 80，242，246. 继承法对遗嘱形式规定了严格的法定形式。这一要式性的立法目的在于尽可能地确保意思的自主性和真实性。且督促被继承人清楚明白地表达其意思。

[2]　比较：Palandt/*Weidlich*，§ 2247 Rn. 10 f.；MüKoBGB/*Hagena*，§ 2247 Rn. 25 ff. 第 2247 条所要求的亲笔书写是最起码的必要性。相反，该条所规定的地点及日期等要求则并非必须。就签名而言，通常要求姓和名俱全。不过，使用缩写也非不可。关键是该署名可以确认作者及其表意的严肃性。签名原则上须在文本的最后作为结尾。

[3]　BGHZ 47，68，70 f. 联邦法院认为，书写使用的工具或载体并非重点，只要其可以明确反映内容。

[4]　死因处分（Verfügung von Todes wegen）是民法中就被继承人处理其财产的行为所使用的上位概念。“死因”者，指该处分的法律效果待处分人死后才发生。相反，生者之间的法律行为的效果则在其健在时便已发生。单方的死因处分即遗嘱。双方约定的处分即继承契约（民法典第 1941 条及第 2274 条以下）。共同遗嘱并非继承契约，其性质介于遗嘱和继承契约之间（*Brox/Walker*，Rn. 88，176 ff.；*Schlüter/Röthel*，§ 15）。

## 二、合伙份额的法定继承

法定情况中，在某个合伙人去世后，公开商事合伙及两合公司均由其他合伙人继续经营。[1] 依商法典第 131 条第 3 款第 1 句第 1 项及第 2 句，[2] 在无特别约定时，合伙人死亡后即退出该合伙。依商法典第 105 条第 3 款及民法典第 738 条第 1 款第 1 句，他在合伙财产上的份额转移到其他合伙人。因此，公开商事合伙中合伙人的份额一般不能继承。[3] 不过，合伙契约可以约定由继承人继续作为合伙人。此时，有两种构造上的可能性。

### （一）在合伙契约中约定加入合伙的条款

加入合伙的约定是民法典第 328 条意义上的利他契约，其给予了第三人向其他合伙人请求加入该合伙的权利。在合伙人死后，其合伙中的份额首先依前述规则移转于其他合伙人。如此，利他契约的实行需通过第三人与其他合伙人订立入伙契约来完成。[4] 此后，第三人才正式成为合伙人并依一般合伙法原则从其他合伙人处取得

---

[1] BGH NJW 1982，170，171；1995，3314，3315. 依民法典第 727 条，民事合伙在某一合伙人去世后即解散。继承人在清算关系中相当于去世的合伙人。需注意的是，在多人继承时，仅其共同关系有此地位。

[2] 个别继承人及继承共同体（第 1922 条及第 2032 条第 1 款）有相应的补偿请求权（商法典第 105 条第 3 款及民法典第 738 条第 1 款第 2 句）。

[3] BGHZ 22，186，191；Palandt/*Weidlich*，§ 1922 Rn. 14，16. 批判观点：Staudinger/*Marotzke*，§ 1922 Rn. 169 ff.

[4] MüKoBGB/*Schäfer*，§ 727 Rn. 28，62；Palandt/*Weidlich*，§ 1922 Rn. 15；*Hopt/Hehl*，Rn. 680 ff. m. w. N. 这一方案的好处在于，继承人以外的第三人也可加入合伙。所以，实践中如果下述的第二种方案因为指定的第三人并非继承人而难以实施，则可解释为约定加入合伙的条款。

相应之合伙份额。[1]

不过这一原合伙契约中的加入条款对于其他合伙人而言有诸多不利：一方面，在原合伙人去世至继承人决定是否加入合伙之间存在一个不确定状态，其对合伙的正常运营有很大影响。[2] 另一方面，在前合伙人因死亡而退伙后（商法典第 131 条第 3 款第 1 句第 1 项及第 2 句），合伙需先对继承人承担补偿义务（商法典第 105 条第 3 款及民法典第 738 条第 1 款第 2 句），通常会大大减少合伙资本。后者要一直等到新加入者履行完出资义务后才能获得补足。[3] 这样来看，在合伙契约中仅仅约定合伙人可以指定继承者时，通常不能解释为加入合伙的约定。[4]

### （二）约定直接继受法律地位的条款

更加符合合伙人意思及利益的应该是约定一个直接继受法律地位的条款。如此，在合伙人去世后，其合伙份额由其继承人继受。实践中，这一条款在合伙契约中有两种约定方式，即一般继受条款和特别继受条款。两种情况下，合伙份额均直接转移至继承人。[5]

约定**一般继受条款**，所有继承人都获得合伙人地位。如此，可能出现的问题是，合伙人过多且某些完全不合适的人也成了合伙人。因

---

[1] MüKoBGB/*Schäfer*, § 718 Rn. 8.

[2] 比较：*Ulmer*, BB 1977, 805, 807; *Burandt/Rojahn/Milatz*, § 3 ErbStG Rn. 17.

[3] MüKoBGB/*Schäfer*, § 727 Rn. 58 f. 补偿请求权尤其在将要加入合伙的第三人不是唯一继承人时特别突出。如此，在加入资格的继承人是否并何时加入及履行出资义务确定之前，其他继承人必然已经主张其请求权。

[4] BGHZ 68, 225, 233. 批判观点：*Tiedau*, MDR 1978, 353, 354 f.

[5] *Winkler*, ZErb 2006, 195 ff.; *Göhner*, ZJS 2010, 592 ff.

此，现实中更多时候会约定**特别继受条款**。也即只有少数部分继承人成为合伙人。这一条款的根据在于，合伙份额转移的约定本来就来自合伙契约，后者也可以决定具体继受者的人选。本案中，合伙契约中约定了由夫妻之另一方加入合伙。因此是一个特别继受条款。

不过，另一个难点在于继受合伙人地位的法律构造。[1] 如果取得人是死者的唯一继承人，则相对容易。他可以直接替代原合伙人在合伙中的地位，此时继承法与合伙法的规则并不冲突。但是，常见的情况是多人继承，且全部或部分要成为合伙人。依民法典第1922条第1款的概括承受原则，遗产作为一个整体移转至作为整体的所有继承人。后者形成所谓的共同共有关系（比较民法典第2032条第1款）。[2] 如此，继承合伙份额时，所有继承人以共同共有方式享有该法律地位。该共同共有体本身在析产之前是公开商事合伙的合伙人。通说认为，这一结果与公开商事合伙作为**人合性劳动及责任共同体**的性质不符。[3] 与人合合伙人之间的人合性不同的是，遗产共同共有并不涉及人合关系，而仅关乎财产利益。何况，遗产共同共有关系从一开始便旨在析产。民法典第2059条也规定析产之前的责任限制。此外，如果仅个别继承人取得合伙人地位，则更加使

[1] 译者注：下面的所有讨论都围绕一个教义学上冲突点：合伙与继承作为两个独立的共同共有关系的协调问题。这在商事合伙的合伙人死亡时，犹为显著。因为民事合伙的原则规定是，一个合伙人死亡，则合伙直接解散。而在资合公司中，一个股东的死亡对股东关系不会造成太大影响，因为此时根本没有共同共有关系存在。

[2] *Lemmerz*, JURA 2014, 1246 ff.

[3] BGHZ 22, 186, 192; BGHZ 68, 225, 237; BGH NJW 1983, 2376, 2377; Staudinger/*Marotzke*, § 1922 Rn. 178; MüKoBGB/*Ulmer*/*Schäfer*, § 705 Rn. 81; MüKoBGB/*Schäfer*, § 727 Rn. 58 f.

合伙中的单一继受与继承中概括承受相冲突。[1]

但是，这一困境并不能阻止合伙份额的继承。否则会导致公开商事合伙这一经济生活常见且必要的形式遭到根本性的破坏。[2] 为了消弭这一冲突，理论上提出如下可能。

**1. 以合伙法为准**

一种解决的方案是不考虑继承法的问题而按照合伙法移转合伙人地位。合伙人约定利他契约后，在合伙人死亡时，第三人直接取得合伙人地位。[3] 这一观点的立论是，加入合伙当然以所有合伙人的同意为前提。且以合伙法为准的解释也并非一定将合伙份额排除在遗产的共同共有关系之外。[4] 此外，公开商事合伙中的合伙人也有些许非财产性权利义务。如此，依继承而取得合伙人地位的意义与第 1922 条的旨趣并不完全相合。后者仅规定死者财产移转于其继承人。

然而，立法理由中早已指出，第 1922 条第 1 款并非与非财产性权利的移转毫无关系。[5] 其次，更有疑问的是其教义学上的构造。此处的利他契约是一个处分行为，而判例中并不认许所谓“利益第三人**处分**”。[6] 同时，由于将来合伙人需要对合伙债务承担无限责任，合伙人之间的约定其实是使他人**负担**的契约，这一类型

[1] 译者注：合伙契约约定合伙份额明确移转于特定继承人，但是继承中根本不会区分个别继承人，只能是共同共有全部的遗产。质言之，合伙契约约定的特别继受其实在继承中根本无法直接实现。

[2] 就经济上的利益状态参见：*Westermann*, JuS 1979, 761, 762 f.

[3] *Flume*, Allgemeiner Teil des Bürgerlichen Rechts I/1, Die Personengesellschaft, 1977, § 18 IV VII; *Lange/Kuchinke*, § 5 IV 4.

[4] 译者注：似乎指存在某些情况，合伙份额恰在共同共有之内，如所有继承人都是合伙契约指定的合伙人地位继受者。

[5] Motiv V 2. 比较：*Kipp/Coing*, § 91 II 2 u. III 1 f.

[6] BGHZ 68, 225, 231. 比较：Staudinger/*Habermeier*, § 727 Rn. 23.

在理论上更加不能成立。[1] 另外，受损的还有其他继承人、特留份权利人及遗产债权人，因为合伙份额本来构成遗产中的部分价值。[2] 最后，约定法律地位继受条款的目的并非在于使合伙份额的取得获得一个法律上的**原因**，[3] 而在于避免前述法定规则带来的不便（即先让被继承人退伙，再在继承人中确定新合伙人这一过程的不确定性），并且取得类似于两合公司中有限合伙人地位转移的效果（商法典第 177 条）。[4]

**2. 以继承法为准**

通说及判例均将合伙契约所约定合伙人地位之继受认定为继承法意义上的移转。[5] 联邦法院援引了商法典第 177 条并指出，有限合伙人的死亡并不导致其退伙及对继承人的补偿，而是继承人作为被继承人的继受者替代其在两合公司中的地位。[6] 第 177 条其实默认了人合合伙份额在法律上的可继承性。[7]

依所谓继承的直接取得原则（被继承人死亡之时，遗产即直接由继承人取得。此即民法典第 1922 条第 1 款规定的继承在私法上的基本法律效果），在合伙人死亡时继承人直接取得其在合伙中的地位。

---

[1] BGHZ 68, 225, 231 ff.; Staudinger/*Klumpp*, Vorbem. zu § 328 Rn. 53 ff. 需注意，如果第三人，即将来合伙人，也是契约当事人，则没有上述问题。MüKoBGB/*Schäfer*, § 727 Rn. 51; BGHZ 68, 225, 230.

[2] *Kipp/Coing*, § 91 IV 8b, c. 比较：*Ulmer*, ZGR 1972, 324, 332 ff., 337 f.

[3] 译者注：法律上的原因其实就是继承本身，确实不是合伙契约的目的，比较德国民法典第 705 条关于合伙的定义。

[4] *Schmidt*, Gesellschaftsrecht, § 45 V 3.

[5] BGHZ 22, 186, 191; 68, 225, 229.

[6] *Ulmer*, BB 1977, 805, 807.

[7] BGHZ 68, 225, 230. 持疑问态度如：*Westermann*, JuS 1979, 761, 762 f.

并不需要继承人的特别意思表示。[1] 不过，在合伙契约所确定的继受人并非唯一继承人时，这一方案要做些许修正。继承法的规则仅在与合伙人地位的性质及合伙法中的其他规则不冲突时才得以适用。[2]

（1）一般继受条款

如果约定了前述的**一般继受条款**，即所有继承人均成为被继承人的继受人，则继承法中以共同共有形式存在的整体继受规则不再适用。[3] 各继承人并不依民法第 1922 条第 1 款及第 2032 条第 1 款以共同共有方式取得合伙人地位，而是各自以**个别继受**（Sonderrechtsnachfolge）的方式分别取得合伙份额并依该份额的分配直接取得合伙人地位。[4] 这一直接取得的法律效果似乎也是商法典第 139 条第 1 款的前提。在此基础上后者才能使继承人选择转为有限合伙人。[5]

（2）特别继受条款

判例与学说同样将个别继受的方案适用于约定**特别继受条款**，即仅个别继承人被合伙契约指定为将来合伙人的情形。依个别继受说，在继承开始时**合伙人地位**直接移转于被指定的继承人。[6]

概念上而言，与合伙人地位相区别的是，继受者取得财产上份

---

[1] BGHZ 22, 186, 191; MüKoBGB/*Schäfer*, § 727 Rn. 31; Palandt/*Weidlich*, § 1922 Rn. 18. 区别于前述的加入条款，后者必须有加入意思表示的作出。

[2] *Großfeld/Rohlff*, JZ 1967, 705, 706. 比较：MüKoBGB/*Schäfer*, § 727 Rn. 3.

[3] BGHZ 22, 186, 192.

[4] BGHZ 22, 186, 193; 68, 225, 237; BGH NJW 1983, 2376, 2377; MüKoBGB/*Schäfer*, § 727 Rn. 33; Staudinger/*Marotzke*, § 1922 Rn. 179.

[5] *Schmidt*, Gesellschaftsrecht, § 45 V 3 m. w. N.

[6] 比较：MüKoBGB/*Schäfer*, § 727 Rn. 41; *Kipp/Coing*, § 91 IV 8 c-e; *Reimann*, ZEV 2002, 487, 488.

额范围的问题。[1][2] 或者取得原权利人的全部财产，或者仅取得其部分（按其在继承析产时的份额来确定）。[3]

在第二种情况中，继受人不应取得的其他财产部分应该依商法典第 105 条第 3 款及民法典第 738 条第 1 款第 2 句移转于其他合伙人，而其他继承人则以共同共有的方式取得补偿请求权。[4] 不过，这一方案的弊端在于补偿义务会使合伙固有资本承受巨大负担，甚至可能使合伙无法继续经营。[5] 所以，对于合伙而言，更为有利的是排除其他继承人的补偿请求权。一般认为，如果合伙契约中如此约定，并无不妥。[6] 因为民法典第 738 条第 1 款本来即任意性规定，且合

---

[1] 译者注：继受人虽然取得了合伙人地位，但是继受人在继承中应分配的份额可能小于原合伙人合伙份额的财产价值，如此，其中差额部分则应该分配给其他继承人。合伙份额作为一个整体是遗产的部分，只是为了协调合伙关系的延续，作了相应调整。

[2] MüKoBGB/*Schäfer*, § 718 Rn. 6 ff.

[3] 比较：Baumbach/Hopt/*Roth*, HGB § 139 Rn. 16 f. 具体哪一选项则在解释具体合伙契约中的继受条款，即何人在何种范围内继承合伙份额中的财产部分。

[4] 译者注：此处一定要区分合伙与继承，依照继承法的其他财产份额固然最终该由其他继承人取得，但是其性质上仍旧是合伙财产，所以该财产价值的转移还是要在技术层面上通过合伙法实现。假设被继承人（原合伙人）在合伙中的份额价值为 40000 元，遗嘱中指定的合伙地位特别继受人在继承中的继承份额为 20000 元，则按照商法典第 105 条第 3 款及民法典第 738 条第 1 款，合伙地位继受人只能取得 20000 元的合伙份额，剩余部分先由其他合伙人取得，其他合伙人再对继承共同体承担补偿义务。继承共同体取得该利益后再进行内部分配时，只有其他继承人有享有权，合伙地位之特别继受人不可以再获分配。这个构造非常复杂，但是确实是法定方式，其目的在于完全顾及合伙和继承的各自的封闭性（共同共有关系）。

[5] 译者注：合伙资本本来即由合伙人的出资及经营后的增益组成，且人合合伙与资合公司的一大差别即在于少数合伙人的组合，一旦某个合伙人退伙，往往会对合伙的财产基础产生动摇。

[6] BGHZ 22, 186, 194 f.; 50, 316, 318; MüKoBGB/*Schäfer*, § 738 Rn. 61. 这一约定也不构成民法典第 2301 条第 1 款的死因赠与承诺（Schenkungsversprechen von Todes wegen），故不准用遗嘱的要式性。因为各合伙人均就该约定有得利可能。

伙人可以在合伙契约中为其继承人作限制性约定。[1]

不过，此时其他合伙人会无对价取得死亡合伙人的部分份额。为了避免不公平的状况，联邦法院原先认为其负有再将该份额移转于继受合伙人的义务。这是解释合伙契约的应有结果。[2] 最终，继受合伙人的份额其实和原合伙人一样了。

通说则认为这一构造过于复杂。在约定特别继受条款时，应使被指定的继承人直接取得**全部的合伙份额**，即所谓无限制的**个别继承**。[3] 联邦法院后来也赞同此说并指出，继承中的份额问题主要指向的还是遗产**价值**的分配，而非强行要求在遗产中的每个具体物品上都必须反映相应分配。[4]

而且，从利益状况来看，联邦法院的初始观点也有不妥。[5] 如果其他合伙人在将增加的份额转让给继受合伙人之前破产了，则后者只有破产债权人地位。另外，对于其他遗产债权人同样如此。由于继受取得人最后是以一般法律行为从其他合伙人处得到的**剩余**合伙份额，[6] 其性质便不再是遗产，遗产债权人自然不能再

---

[1] 译者注：合伙契约中，合伙人当然可以约定不利于个别合伙人而利于整体合伙的内容，这一约定对继承人也当然有效。继承人作为继受取得人自然不可能优于被继承人的地位。

[2] Staudinger/*Marotzke*, § 1922 Rn. 181.

[3] Baumbach/Hopt/*Roth*, HGB § 139 Rn. 17; MüKoBGB/*Leipold*, § 1922 Rn. 75; MüKoBGB/*Schäfer*, § 727 Rn. 44; MüKoHGB/*Schmidt*, § 139 Rn. 18; Soergel/*Stein*, § 1922 Rn. 66.

[4] BGHZ 68, 225, 228; 108, 187, 192; BGH NJW 22, 186, 194 f.

[5] 理论中对个别继受的教义学解释分歧较大，参见：*Ulmer*, ZGR 1972, 195, 206 ff. 个别继承方式也被普遍认为是出于实际考量的法律续造。*Windbichler*, § 15, Rn. 4; *Westermann*, JuS 1979, 761, 767. 比较：Staudinger/*Marotzke*, § 1922 Rn. 182.

[6] 译者注：依联邦法院先前观点，继受人对其他合伙人有份额让与请求权，则该让与最后必由独立的处分行为——准物权行为实现。

作主张。[1]

然而，直接全部继受的方式并不意味着在析产时合伙份额的价值不再考虑。相反，继承份额仍是主要依据。[2] 合伙份额继受人在继承中的份额相应减少，在合伙份额超过继承份额时则需补偿其他继承人。[3]

### （三）结论

依理论及判例通说，宜采直接个别继承说。[4] 由此，在继承开始时 X 直接取得所有合伙份额。由于 A 的合伙份额构成遗产的部分，其价值应属所有继承人。X 在取得合伙份额后，需在继承关系内部补偿 Y 和 Z。[5]

## 三、A 以遗嘱方式指定执行合伙份额的可能性

被继承人可通过遗嘱指定一个遗嘱执行人。其任务是执行被继

---

[1] 关于遗产债权人及特留份权利人，比较：*Ulmer*，ZGR 1972，195，206 ff.；JuS 1986，856，860.

[2] BGHZ 68，225，338.

[3] 补偿义务的教义学上的性质理论上有所争议：MüKoBGB/*Schäfer*，§ 727 Rn. 41；*Hopt/Hehl*，Rn. 639；*Schmidt*，Gesellschaftsrecht，§ 45 V 4，m. w. N.

译者注：以之前译者的例子来说，合伙地位特别继受人直接取得 40000 元的合伙份额，同时对其他继承人承担 20000 元的补偿义务。这个方案大大简化了前述的复杂性。只是，仍有疑问的是，这个补偿请求权是否归入遗产，抑或合伙人之间内部分配的权利。译者倾向于前者，该权利仍需对遗产债务负责，也即遗产债权人优先于继承人受偿。因为该利益原本即来自被继承人的责任财产。

[4] BGH NJW 1996，1284，1285；1983，2376；BGHZ 108，187，192. 比较：Staudinger/*Marotzke*，§ 1922 Rn. 181；*Kaulbach*，Hereditare 5，2015，249.

[5] *Hueck*，JZ 1957，222，223. 比较：BGHZ 68，225，238；MüKoBGB/*Schäfer*，§ 727 Rn. 45.

承人的遗嘱（第 2203 条）或者仅仅管理遗产（第 2209 条）。

不过，遗嘱执行人的管理或处分权仅限于遗产（第 2205 条）。如此，有观点推论认为，如果公开商事合伙中的合伙人地位依前述方式由特定继承人个别继受，则其合伙份额需从遗产中排除，进而也不在遗嘱执行之列。[1] 而遗产债权人的利益可以由归入遗产的财产性请求权保障之。将合伙人地位列入遗产则不必要。合伙份额依个别继承归属于继受合伙人个人。否则人合合伙作为一个劳动及责任共同体的性质会有所改变。[2]

但是，仅仅由合伙份额的个别继承这点并不能认定其不具备遗产属性。个别遗产的分配只是一种物权性归属的安排，而非将之排除在遗产之外。比如，在只有唯一继承人时，就合伙份额的遗产属性肯定不会有疑问。由此，在多个继承人时，个别财产的性质也不会有所不同。[3] 人合合伙的特性也不会影响遗产范围的确定。其意义仅在于限定遗产管理人的权限而已，因为后者作为无利害关系人，对合伙的利益并不关切。[4]

后来联邦法院民二庭（合伙事务庭）采纳了民四庭（继承事务庭）的主张，认定个别继承的合伙份额仍在遗产之列。[5] 就此，该

---

[1] 联邦法院民四庭，即合伙事务庭原来的观点。BGH NJW 1981, 749, 750; 1984, 2104, 2105; 1985, 1953, 1954; BGH JZ 1987, 880.

[2] MüKoBGB/*Ulmer*/*Schäfer*, § 705 Rn. 110 m. w. N.

[3] BGHZ 98, 48, 54; 108, 187, 194.

[4] 译者注：合伙人基于同一目的而成立合伙，所以其利益具有同向性。这是合伙契约的本质所在，也是合伙人之间信赖的基础，遗产管理人则没有这个属性。由此，需为其他合伙人及合伙本身的利益，对其权限略作限定。

[5] 民四庭意见：BGHZ 98, 48, 52 f.; BGH NJW 1996, 1284, 1285. 民二庭意见：BGHZ 108, 187, 195; BGH NJW 1998, 1313 = JZ 1998, 468 m. Anm. *Ulmer*. 通说：Staudinger/*Marotzke*, § 1922 Rn. 181; MüKoBGB/*Ulmer*/*Schäfer*, § 705 Rn. 110 m. w. N.

份额也在遗产管理之列。不过，也要注意到继承规则与合伙规则之间的冲突。比如，依民法典第 2206 条遗嘱执行人仅可就遗产承担义务，而公开商事合伙人则依商法典第 128 条承担无限责任。且人合合伙的属人性特点也需适当顾及。

所以，遗产执行需就此作相应调整。遗产管理权限及于与合伙份额相关的所有可交易的财产权利。[1] 而合伙的内部事务，管理人则不可插手。尤其不能触碰与个别继承人的合伙人地位相关的权利。[2] 另外，管理人不可以使合伙负担会导致合伙继受人承担无限责任的义务。[3]

除此以外的其他权限则基本不受影响。如果合伙人是两合公司中的有限责任人，则管理人负担义务的权限也无问题。最后需注意的是，基于人合合伙的基本特点，事务处理必以契约中的事先约定或其他合伙人的同意为要件。[4]

综上，A 可以在遗嘱中指定执行人，只是其管理权受到合伙规则的相应限制。

---

[1] BGH NJW 1981, 749, 750; 1985, 1953, 1954; 1998, 1313, 1314; 1996, 1284, 1286; 1986, 2431, 2433; MüKoBGB/*Ulmer/Schäfer*, § 705 Rn. 120; Palandt/*Weidlich*, § 2205 Rn. 11.

[2] BGHZ 98, 48, 57; BGH NJW 1996, 1284, 1286; 1998, 1313, 1314; *Schmidt*, Gesellschaftsrecht, § 45 V 7b; *Hopt/Hehl*, Rn. 644 m. w. N.

[3] BGHZ 108, 187, 195; MüKoBGB/*Ulmer/Schäfer*, § 705 Rn. 120; *Ulmer*, JZ 1998, 468, 469.

[4] BGHZ 98, 48, 55; MüKoBGB/*Ulmer/Schäfer*, § 705 Rn. 115 ff.

# 案例三　对遗产债务的责任

## 关键词

继承人承受权利义务地位　临时继承人的法律地位

继承人责任的限制

## 案件事实

A 年轻时从“二战”战场上带回一个手榴弹留作纪念。他把这个东西放在自己的书桌上作为镇纸来使用。后来他在一起交通事故中去世。A 身后没有留下遗嘱。与他关系最近的亲属是他姐姐的一个儿子 N。A 死亡时，N 正好在一架飞机上。该飞机当时被劫持而迫降在了沙漠中。

在 A 死后几个小时，修理工 H 受房主的委托来到他家干活。他偶然瞥见了手榴弹。出于好奇，H 开始把玩这个他从未见过的东西。不幸的是，手榴弹突然爆炸，致使 H 严重受伤。几天后，N 获释归来，知悉了 A 的死讯。H 则向 N 请求赔偿所受的损害及将来会产生的损害，另外还要求一笔适当的精神抚慰金。

## 问题：

H 的请求权是否成立？

## 原始判例：

LG Freiburg 11.3.1938-1 S 70/37, JW 1938, 1819;

RG 10.2.1942-VI 117/41, HRR 1942 Nr. 522;

BGH 7.6.1991-V ZR 214/89, NJW 1991, 2558.

## 解答

### 一、依民法典第 823 条的损害赔偿请求权

首先，H 可以主张损害是由可直接归责于 N 的方式造成的。H 与 N 之间并无契约关系，所以可能的主要是侵权法上的请求权基础。本案中也不存在危险责任。[1]N 的赔偿义务仅可来自民法典第 823 条以下的规则。手榴弹爆炸侵害了 H 的身体。依民法典第 823 条第 1 款，在 N 有过错且其侵害不法时，有损害赔偿责任。侵害也可以是由**不作为**所致，[2] 只是归责上要求 N 违反了一项防止损害

[1] 现行法中并不承认危险责任作为一个普遍规则。通常仅在法律列举时才有其适用。也不允许判例任意类推出新的情形。关于引入危险责任作为一般规则的论证及争议参见：*Kötz*, AcP 170, 1 ff.; *Larenz/Canaris*, Schuldrecht II 2, § 84 I 1; *Deutsch/Ahrens*, Deliktsrecht, S. 174 ff.

[2] 对区分作为及不作为的批判参加：*Medicus/Petersen*, Rn. 644.

发生的义务。[1] 可能的是所谓**一般交往安全义务**。具体而言，就特定危险物有控制能力的人，在该物造成损害而该人未尽到可能的注意时，需负损害赔偿责任。[2] 本案中，如果手榴弹被更小心地保管，则 H 不会受伤。有疑问的是，N 是否负有交往安全义务。民法典第 836 条至第 838 条所规定的损害防止义务指向的是对危险物有事实上的控制能力的人。N 作为唯一继承人在继承开始时即依民法典第 1922 条第 1 款成了手榴弹的所有人。依民法典第 857 条手榴弹的占有也在 A 死亡时移转于 N，N 是否知道继承之事则不重要。[3] 不过，仅仅有影响危险来源的**法律上之**可能性尚不足以认定交往安全义务。[4] 要点在于**事实上的控制力**，即采取措施防范危险并控制危险源的能力。[5] 在继承人尚不知道继承开始时，这一义务并不存在。[6] 由此，N 自己并不承担民法典第 823 条第 1 款的责任。民法典第 823 条第 2 款及刑法典第 229 条（过失伤人）的责任也不需考虑。[7]

## 二、继承人依第 1967 条第 1 款就遗产债务的责任

依第 1967 条第 1 款，N 作为继承人对遗产债务承担责任。[8] 其

---

[1] 比较：*Larenz/Canaris*, Schuldrecht II 2, § 76 III 3.

[2] BGH NJW 1958, 627, 629; *Larenz/Canaris*, Schuldrecht II 2, § 76 III 3a; *Looschelders*, SchuldR BT, Rn. 1178.

[3] BGH JZ 1953, 706.

[4] 译者注：此时仅有拟制的占有。

[5] 比较：Palandt/*Sprau*, § 823 Rn. 48; *Larenz/Canaris*, Schuldrecht II 2, § 76 III 3a. 相反观点：*Boehmer*, JW 1938, 2634, 2639.

[6] 比较：BGH JZ 1953, 706; LG Freiburg JW 1938, 1819.

[7] 译者注：即违反保护性法律的侵权责任，刑法典第 229 条是保护特定人身体健康的法律。

[8] *Joachim*, ZEV 2005, 99; MüKoBGB/*Leipold*, § 1922 Rn. 16.

中特别包括“被继承人所负担的债务”。如此，需回答的是，H 所受损害是否导致 A 的损害赔偿义务，进而成为遗产债务，N 作为权利义务的概括承受人需负责之。

### （一）A 的侵权责任（民法典第 823 条第 1 款）

在 A 死亡时 H 尚未受到损害，所以也没有相应的赔偿义务产生。[1] 可是，如果事故在 A 死前就发生，A 则需承担责任。A 与 H 之间并无契约。H 也不能被认为是 A 与出租人之间租赁契约中的受保护之第三人。[2] 不过，A 可依民法典第 823 条第 1 款承担侵权责任。A 将易爆物直接放在书桌上，就此违反了相应的交往安全义务。因为他对该物有事实上的管领能力却未作任何可能的防范措施。A 的住处虽非公共交往场所，但第 836 条就危险物所设的注意义务并不以公共场所为必要。[3] 义务违反与损害之间的因果关系也无疑问。最后产生的损害恰好是由需防范的危险性所致。[4]A 就损害结果也有过失。A 可以预见他人会来到其住处并因手榴弹而受伤。需注意的是，虽然损害在 A **在世时**尚未发生，但是其过失不法的义务违反已经存在，只待责任产生的基本态势最终落实为具体的损害。[5] 至于事故在 A **过世后**发生，只是一个偶然。而在继承人取得实际占有前，

[1] 译者注：即没有依第 1967 条第 2 款所谓“被继承人的债务”，因而不构成遗产债务。

[2] 租赁契约中保护义务的范围参见：Palandt/*Grüneberg*，§ 328 Rn. 28 m. w. N.

[3] MüKoBGB/*Wagner*，§ 823 Rn. 244 m. w. N.

[4] 不作为的因果关系参见：Palandt/*Grüneberg*，vor § 249 Rn. 51.

[5] 译者注：原文为 Konkretisierung der bestehenden Haftungslage zu einer Ersatzpflicht. 所谓 Haftungslage，按照上下文来看，仅指具体损害赔偿责任发生的态势已经形成。

并没有责任产生的根据。由此，具体赔偿义务产生的时点恰在两个主体承接之间的过渡阶段。[1]

### （二）继承人完全免责的不公平性

由于损害发生在这一两不相干的时段，似乎既不能认为是遗产债务，也不能认为是继承人的自己债务。[2] 但这一结论对受损人不太公平。依概括继受原则，继承人在继承开始后承受被继承人所有的权利义务，除非后者具有特别人身属性。这一原则也适用于期待权、附条件及将来的权利、有利的法律状态、条件、负担及责任态势。[3] 从法律上来看，死亡这一事实终止了个人的法律生活，中断了相关具有法律意义的社会性联系。这些法律关系可能已经存在、可能正在形成。[4] 继承的意义恰在于使之得以延续。[5] 民法典中的其他规定也能反映这一点（第 130 条第 2 款、第 153 条、第 185 条第 2 款第 1 句、第 791 条、第 857 条及第 943 条）。

### （三）责任态势的可继承性

责任态势在继承开始时虽未转化为具体的义务，但后者的

---

[1] *Boehmer*, JW 1938, 2634, 2635.

[2] *Boehmer*, Erbfolge und Erbenhaftung, 1927, S. 120 f.; JW 1938, 2634, 2635.

[3] BGH NJW 1991, 2558 f.; LG Freiburg JW 1938, 1819, 1820; Palandt/*Weidlich*, § 1922 Rn. 14; *Brox/Walker*, Rn. 655; *Lange/Kuchinke*, § 47 II 1b; *Boehmer*, Erbfolge und Erbenhaftung, 1927, S. 25 ff.; JW 1938, 2634. 例外情况是第三人对继承人有侵权损害赔偿义务时。继承人仅可在被继承人受损的范围内有其请求权。*Larenz*, JZ 1962, 709, 711; Palandt/*Weidlich*, § 1922 Rn. 27.

[4] *Boehmer*, JW 1938, 2634, 2635; BGH NJW 1991, 2558 f.

[5] *Kipp/Coing*, § 1 II 1 a; *Boehmer*, JW 1938, 2634, 2635.

成因已定，因此可以作为继承的内容。类似的法律状况，如到达的有拘束力的要约。另外，解释民法典第 1967 条第 2 款的文义，所谓“来自被继承人的债务”（vom Erblasser herrührende Schuld），并不要求该债务在继承开始时已经存在或其构成要件已经完全充分。[1] 同时，遗产债务也可包含**非契约债务**。在危险责任时，如果被继承人已经就危险源在主客观两方面可归责，[2] 或者，**一般侵权**中，该被继承人已因其过失不法造成了损害的成因，而损害结果发生在其死亡之后，相应的损害赔偿义务即被认为是遗产债务。[3]

### （四）结论

N 需依民法典第 1967 条第 1 款及第 823 条第 1 款就 H 的损害承担赔偿责任，另有依第 253 条第 2 款的抚慰金义务。由于 H 自己有相应的过错，需依第 254 条第 1 款抵销一定的赔偿额度。

---

[1] LG Freiburg JW 1938, 1819, 1820; RG HRR 1942 Nr. 522 m. w. N.; BGH NJW 1991, 2558 f. m. w. N.

[2] BGHZ 23, 90. 假设某人在开车时突然心脏病发作猝死而汽车在失控状态中伤及他人，则继承人有依民法典第 1967 条与道路交通安全法第 7 条第 1 款的损害赔偿责任。判例认为，驾驶员失去意识并非不可抗力（译者注：依德国道交法，事故责任为无过错责任，仅不可抗力得以免责）。

[3] LG Freiburg JW 1938, 1819, 1820; RG HRR 1942 Nr. 522; BGH JZ 1962, 708; Staudinger/*Dutta*, § 1967 Rn. 21 ff.; Palandt/*Weidlich*, § 1922 Rn. 2; *Lange/Kuchinke*, § 47 II 1b; Soergel/*Stein*, § 1967 Rn. 3. 继承人原则上承受相应的责任态势，在损害结果发生后，即为被继承人与继承人共同造成的遗产债务。仅在该损害结果完全由被继承人所致时，才构成被继承人债务。

## 三、依第 1942 条第 1 款的责任限制

依第 1942 条第 1 款，N 在取得遗产时仍保有**放弃的权利**。只要 N 尚未接受遗产或放弃期限尚未经过（第 1943 条），N 仅为临时继承人，也即可以依民法典第 1953 条第 2 款放弃其继承人地位，该放弃的效力溯及继承开始时。N 若行使其权利，则遗产归于下一顺位的继承人。不过，N 作为临时继承人，尚对遗产债务负有责任。只是，考虑到在最终接受前（即依第 1943 条放弃期限之经过，在到期前继承人不为放弃之表示，则既成事实）继承人地位并不确定，使遗产债权人不得以诉讼方式主张权利（第 1958 条）。至于诉讼外的主张，不在此限。

在确定接受遗产后，N 还有三个月的时间（第 2014 条）可以拒绝履行对 H 的债务。这一延迟抗辩的意义在于，使继承人得以确认遗产及遗产债务的范围，并决定是否采取限制责任的措施（即第 1975 条以下）。一旦继承人罗列完遗产清单后，该抗辩即刻消灭。

N 可以通过申请遗产管理或开启遗产破产程序等方式**限定**遗产责任（民法典第 1975 条及破产法第 315 条以下）。[1] 由此，他仅就 A 的遗产负责，他自己的固有财产将不受影响。如果 A 的遗产少到连遗产管理或遗产破产程序的费用都无法负担，则 N 最后可以依第 1990 条提出遗产不足（Dürftigkeitseinrede）之抗辩。[2]

---

[1] *Joachim*, ZEV 2005, 99.

[2] *Fischinger*, Hereditare 5, 2015, 213.

# 案例四　死因处分悖于善良风俗

## 关键词

死因处分的解释　指定继承人附解除条件　法律行为的悖俗性
基本权利对第三人的间接作用

## 案件事实

1925 年，第五代 N 侯[1] 与其当时尚在世的妻子及儿子 A、B 和 C 订立了经公证的继承契约，以确定其祖产（Stammgut）的分配。其内容包括不动产与股票，两者构成 N 侯所有财产的 90%。就这些祖产，N 侯指定其直系后裔为继承人。继承顺位则需按照 N 侯家族族规来确定（这一规则于 1897 年 10 月 23 日制定，适用至 1919 年）。[2] 不过，

[1] 译者注：N 为爵名，可能指采邑在 N 地。

[2] N 家族（侯国）作为曾经的帝国政治体（Reichsstand）拥有立法自主权，以管理其不动产及重要动产，并以族规的形式确定法定继承顺序。自 1938 年后这一权利不再存在。

民法典第 2100 条至第 2146 条（即后继承规则）仍有其适用。如此，被继承人希望在后代之间确保这一顺位。N 侯的儿子们须将其遗产依照族规的原则继续传给后代。至于其他财产（即另外 10%），被继承人未作处分。族规中包括一份祖产的清单，还有如下节选内容：

**第 4 条** 继承祖产以出生于依族规所缔结之婚姻以及皈依福音教为必要。

**第 5 条** 有继承权者为本家族长子及其男性直系后裔。同一顺位之直系成员中仅年长者有权。

**第 25 条**

**第 2 款** 本家族家主之子女，仅在该家主事先书面同意时，始得成婚。

**第 4 款** 本家族成员若违反前述规定而缔结婚姻，则其自身、其配偶及其后裔失去本族规所给予之权利及奉养。

1939 年已经鳏居的第五代 N 侯去世。

1946 年，A（第六代 N 侯）去世，祖产移转于 A 的长子 A1，即第七代 N 侯（于 1930 年出生）。后者于 1984 年 12 月 19 日通过遗嘱指定其长子 Z 作为唯一继承人继承所有后继承范围（Nacherbe）以外的财产。遗嘱同时指明族规的有效适用。Z 于 1984 年得到其父亲同意与平民女子 E1 结婚。E1 于 1989 年因车祸而去世。1991 年 5 月 24 日 Z 与在读法律博士生 E2 再婚。但是，未得到其父亲的同意。由此，A1 于 1991 年 10 月 9 日重立遗嘱，其中明确撤回了 1984 年 12 月 19 日的处分，并立 Z 的幼弟为唯一继承人。不久，A1 去世。接着，Z 撤销了第二份遗嘱，其理由为，该遗嘱所依据的族规——结婚以同意为必要——侵害了他的结婚自由，因此无效。Z 仍为第五代 N 侯及 A1 的继承人。

**问题：**

Z 是否仍是继承人？

**原始判例：**

BGH 2.12.1998-IV ZB 19/97，BGHZ 140，118；

BayObLG 4.8.1999-1Z BR 187/97，FamRZ 2000，380；

BVerfG 22.3.2004-1 BvR 2248/01，NJW 2004，2008.

# 解答

## 一、第五代 N 侯去世后的继承

在 A1 死后，Z 不仅可能继承其父亲，也可能继承其曾祖（即第五代 N 侯）。这一继承权可以来自 1925 年所立的继承契约。其前提是，A 与 A1 是第五代 N 侯的先继承人，而 Z 是其后继承人，也即被继承人确立所谓**分阶段继承次序**。依民法典第 2100 条，先继承人先继承被继承人，而后继承人再继承先继承人，两者同为被继承人的继承人。[1] 被继承人可通过遗嘱在后代之间确定先后继承的次序，只是需受到第 2109 条的时间限制。[2] 如此，本案中 Z 可以成为其曾祖的继承人。

### （一）继承契约的解释

首先，继承契约必须确实约定了分阶段先后继承。

[1] *Brox/Walker*，Rn. 343；*Schlüter/Röthel*，§ 34 Rn. 2.

[2] *Leipold*，Rn. 673.

契约中约定祖产依照族规继承。依族规第 5 条必须是长子及其男性后裔。如此，第五代 N 侯应由第六代 N 侯 A 继承。A 则需继续将遗产传给其长子 A1，而后者再传于其长子 Z。

**1. 分阶段后继承**

确定是否约定了分阶段的先后继承，需以解释（民法典第 133 条及第 157 条）定之。对于被继承人及其儿子而言，关键目的是确保其家族核心财产。为此，需使祖产始终由爵位承袭人（即长子及其男性后裔）保有。这一袭爵人在其父亲去世后成为家主及祖产所有人直至自己去世，然后由其长子再继承其爵位及祖产。另鉴于继承契约明确约定第 2100 条至第 2146 条的有效适用，可认为定约人接受后继承方式。先继承人去世则发生后继承。[1] 如此，对于 A1 而言，A 是第五代 N 侯的先继承人，A1 自己则是第五代 N 侯的后继承人。同时，相对 Z，A1 又是先继承人，而 Z 则是后继承人。所以，儿子始终是在父亲**之后**继承，而非**替代**其父亲继承。这是与第 2096 条的替代继承相区别之点。[2] 后继承方式同时确保了祖产的完整性。因为，依第 2113 条以下，先继承人就遗产有处分限制。按照这一思路，契约当事人其实确定了第五代 N 侯以下一系列的先后继承人，其目前的终点则在 Z。Z 就此享有对其曾祖的继承权。

---

[1] *Leipold*, Rn. 487.

[2] 替代继承（Ersatzerbschaft）指，遗嘱中确定，在继承人放弃或因其他情事无法继承时，由他人替代继承，不区分该情事发生于继承开始之前或之后（译者注：与我国理论中的代位继承或转继承不同，后二者都是法定继承）。依第 2102 条第 1 款，在指定后继承时，解释上认为后继承人同时成为替代继承人。

## 2. 遗产的分割

接下来的问题是，Z 作为继承人就整体遗产所享有的**份额**为多少。仅仅继承祖产的话，将违背概括继受的原则。第 1922 条禁止继承中个别遗产的转让。遗产或者整体移转于单一继承人，或者由多数继承人以共同共有方式取得。后者就全部遗产有份额之分配。族规第 5 条所规定的祖产（仅部分遗产）独立继承与这一法定规则不符。为了不使该条与契约内容失去意义，应解释为，该内容是对整体遗产的价值份额分配的规定。因此，爵位承袭人应该取得整体遗产的 90%，且就该份额适用后继承的规则。[1] 此外，为使遗产之 90% 直接与祖产相挂钩，[2] 还要将前述族规解释为析产时的**具体分配规则**（第 2048 条）。后者赋予了具体受益人可以在析产时向共同共有体请求移转特定财产的权利。综上，第五代 N 侯于 1925 年的处分在法律上可以解释为，指定其 90% 的遗产为后继承，并规定了相应的具体分配方式。Z 可以就此享有继承权。

就另外 10% 的遗产，死因处分中并未涉及。由于被继承人仅指定了单一继承人继承部分遗产，依第 2088 条第 1 款，可以认为其余部分直接适用法定继承规则。由此，该部分由 A、B、C 及第五代 N 侯的妻子继承（第 1924 条第 1 款和第 4 款以及第 1931 条）。这里也没有后继承的适用余地。Z 没有继承权。

---

[1] BGH NJW 1980, 1276.

[2] 译者注：按共同共有中，所谓份额其实及于所有单个标的，并非直接使特定财产归于特定继承人。就个别财产，继承人仅有其观念上的份额而已。

### （二）继承契约在形式上的有效性

必要的还有继承契约在形式上的有效性。第 2274 条至第 2276 条及第 2232 条的特别形式要件在本案中业已充分。依公证法第 9 条第 1 款第 2 句，在公证文书中所涉及之其他书面文件，仅在其附属时，视为公证之部分。本案中，公证并未附属前述族规。而且，不符合形式要件之文书不能仅仅由于在死因处分中被有所提及而直接成为后者的部分。[1] 不过，这一原则不适用于法律条文。[2] 因为其不存在伪造的可能。N 家族作为侯府，其族规是所谓实质意义上的法律，即便在 1925 年已经失效，仍不影响其性质。所以，该族规被视为继承契约的部分。

### （三）继承契约的实质有效性

#### 1. 后继承的失效

依第 2109 条第 1 款，在先继承开始后 30 年内，仍未发生后继承，则该后继承的指定失其效力。这一期限在 A1 于 1991 年去世时显然已经超过。如此，则后继承应该已经中断。不过，依第 2109 条第 1 款第 2 句第 1 项，如果后继承开始以继承开始时（被继承人死亡）在世的先继承人的个人原因为准时，[3] 该 30 年期限无适用余地。本案中，后继承开始以继承开始时（1939 年）在世的 A1 去世为准。死亡是 A1 的个人原因。因此，Z 的后继承人不受 30 年之限。但是，

[1] BGH WM 1980，1039，1039 f.; BayObLGZ 1979，215，218.

[2] BayObLGZ 1996，204，224.

[3] 译者注：后继承开始的准据也可以是其他原因。

此时 Z 其实已经是最后的后继承人，在 A1 死后，后继承的约定不再有拘束力。[1]Z 可以自由处分祖产。

### 2. 同意条款的可能性

依族规第 25 条第 2 款的同意条款及第 4 款的**排除条款**，子女仅在家主事先同意时才能成婚。否则，便会失去继承权。这一同意保留条款可能与第 2065 条第 2 款（依第 2279 条第 1 款准用于继承契约）相冲突。依后者，被继承人不可将决定遗产受益人之权利交由他人。这一点同样适用于后继承的确定。[2] 继承契约约定，后继承人分别为最年长的男性后裔。该内容已经非常明确，没有他人表意的余地。族规第 25 条所定的保留条款，其实就是指定继承人的解除条件。[3] 该条件将死因处分的效力系于受益人的行为，并未违反死因处分的高度人身属性，因此与第 2065 条

[1] 译者注：这个结论还是来自对第 2109 条的解释，因为 A1 在第一次继承开始时已经出生，所以有第 2109 条第 1 款第 2 句第 1 项的适用，也即不受 30 年之限。但是 Z 在 1939 年时尚未出生，前述例外规则不得适用，故而仍然适用 30 年限制的原则规定。如此，到 Z 死亡时，30 年之期早已过去。Z 不再是其后代的先继承人，也即后继承不再可能。这样来看，第 2109 条所设的时间限制其实使得后继承的安排很难超过三代人。因为被继承人即便是在临终一刻立下有效遗嘱，也只能安排此时已经出生的后代作为先继承人。立法者的用意在于不使遗产及继承人过分受限于久远以前的安排而影响现实的经济生活，后者也可能早已不合乎随着时代的发展而变迁的财产观念（反过来说，也是防止被继承人的过当处分。将子孙后代生生世世的财产秩序都提前定好了，显然是不妥的，比较：Palandt/*Weidlich*, § 2109 Rn. 1）。在本案中，如果希望祖产可以仍然由家族保有，需要第三代传人（后继承人）以自己名义继续作一个死因处分。当然此时已经取决于后继承人自己的意愿，而非初始的被继承人。最后要明辨的是，先后继承制度的基本利益指向并非财产保有的稳定延续，而是确保后继承人的最终利益取得。先继承人其实只是被继承人与后继承人之间的中转者。

[2] MüKoBGB/*Grunsky*, § 2101 Rn. 3.

[3] Palandt/*Weidlich*, § 2075 Rn. 1; BayObLG FamRZ 2000, 380.

第 2 款并不冲突。

### 3. 族规的悖俗性

法律行为悖于善良风俗而不成体统者，无效。[1]

（1）理论基础：基本权利对第三人的间接作用

除对抗公权力的侵害外，基本权利还有所谓**保护性功能**，[2] 即公权力负有对公民之保护义务，[3] 使其在民事交往中不受彼此之基本权利的妨碍。[4] 此即所谓**对第三人的间接作用**。[5] 在确定法律行为的效力时，需以一般条款（如公序良俗）评价之，具体在解释该一般条款的过程中，适用法院即负有前述义务（基本法第 1 条第 3 款）。其中必须注意的两点是：首先，只要该法律行为间接影响的法律主体的基本权利受到侵害，即可影响其效力。本案中，如果不被承认的婚姻配偶及其婚生子的基本权利受到侵害，则继承契约便违反了善良风俗。其次，相较于对抗公权力的直接侵害而言，基本权利对第三人间接作用的保护力度有所减弱。[6] 因为，需要顾及的还有相冲突的对方基本权利，即意思自治（基本法第 2 条第 1 款）。在平等民事主体之间虽不适用严格的比例原则（Übermaßverbot），即必要性和适当性要求（比例原则的核心内容，通常只在审查侵害性公权力行为时有其应用）。但是，权利人可以要求法院在个案中实现最基

---

[1] *Mugdan* II, 406; RGZ 80, 219, 221; 128, 92, 96; 150, 1, 5; BGHZ 52, 17; *Schlüter/Röthel*, § 20 Rn. 10; *Brox/Walker*, Rn. 263; *Leipold*, Rn. 243.

[2] BVerfGE 39, 1, 41.

[3] *Canaris*, Grundrechte und Privatrecht, 1999, S. 38.

[4] *Hesse*, Grundzüge des Verfassungsrechts, 20. Aufl. 1999, Rn. 350.

[5] BVerfGE 7, 198, 206 f.; 89, 214, 229.

[6] *Canaris*, Grundrechte und Privatrecht, 1999, S. 43.

本的保护要求（Untermaßverbot）。[1]

（2）具体应用：基本权利的侵害

族规中的长子单独继承及成婚同意两项条款可能违反基本法第3条第1款至第3款（平等保护）及第6条第1款（婚姻及家庭之保护），并因此悖于善良风俗。

不过，以基本权利作为审查标准其实还暗含了一个前提，即所谓“善良风俗”是基于**当代的**，而非1925年的认知。如此，要回答的先决问题是，价值判断的时间点应该是死因处分之时，还是继承开始之时。联邦法院长期认为是处分作出之时。[2] 理由在于：死因处分作为一个法律行为，虽然其具体效果发生于继承之时，但其表意在立遗嘱时已经完成。被继承人（表意人）已经不需其他作为而使不合于善良风俗的法律效果发生[3]。所以，应以意思形成时的价值观念为断。反对说则认为，这一观点违背了第138条第1款的立法目的。该条主要是为阻止不当的法律效果产生，而非惩罚被继承人的不当观念。[4] 此外，依第2171条，遗赠的违法性取决于遗赠发生时。这

[1] *Canaris*, AcP 184（1984）, 201, 208; JuS 1989, 161, 163; BVerfG NVwZ 2011, 991, 994.

译者注：Übermaßverbot与Untermaßverbot，是公法教义学中的要点，前者即所谓比例原则的基本内容。直译过来，是禁止过当的意思（即必须合乎比例性）。相反，Untermaßverbot直译过来是禁止不足，意指法律对某个利益的保护有一个最低要求（门槛），就此，公权力机关必须达到。

[2] BGHZ 20, 71, 74; BGH JZ 1984, 583, 584; *Schmoeckel*, AcP 197（1997）, 1, 55, 78. 未予表态：BGHZ 140, 118, 128; BVerfG NJW 2004, 2008. 还有认为以法院判决时间为准：*Otte*, ZEV 2004, 393, 396; *Staudinger*, FamRZ 2004, 768, 770; *Lange/Kuchinke*, § 35 IV 9 b. 但是，这一观点会带来很大的不确定性，故不能赞同。

[3] *Schlüter/Röthel*, § 20 Rn. 17 f.; Soergel/*Stein*, § 1937 Rn. 24. 联邦法院认为，如果被继承人嗣后主张先前处分背于善良风俗，则违反诚实信用原则（第242条）。

[4] *Brox/Walker*, Rn. 263.

一情况与违背善良风俗并无二致，[1] 应同等视之。[2] 如此，作为当代认知的基本权利可以作为评价继承契约的标准。

（a）基本法第 3 条第 1 款及第 2 款

族规第 5 条可能违反了基本法第 3 条第 1 款的平等保护原则。长子继承的确立以年龄为标准而将其他诸子从继承顺位中排除。同时，男性后裔的继承可能违反了禁止歧视的要求（基本法第 3 条第 2 款），因为仅使单一性别获得其利益。如果该继承契约是公权力行为，则必然因为违宪而无效。只是，被继承人作为民事主体可以任意选择受益人或受益人的性别，而不需正当理由，更不受比例原则之限。这是私法自治及遗嘱自治的应有之义（基本法第14条第1款）。依民法典第 1937 条，个人可以按其意愿确定其财产的归属，[3] 并不对其后代负有平等对待的义务。[4] 至于宪法对失去继承权人的兜底保护则体现在特留份请求权。后者构成对遗嘱自由的内容限制。[5] 由此，长子继承及男性继承并不违反宪法，[6] 也不悖于善良风俗。

（b）基本法第 6 条第 1 款

尚有疑问的还有族规第 25 条的**成婚同意条款**。其可能违反了基本法第 6 条第 1 款及第 3 条第 3 款第 1 句。

---

[1] *Brox/Walker*, Rn. 263; *Otte*, JA 1985, 192, 201. 不同观点，参见：*Schmoeckel*, AcP 197(1997), 1, 65 ff.

[2] RG DR 1943, 91, 93; OLG Hamm OLGZ 1979, 425, 427 f.; Soergel/*Stein*, § 1937 Rn. 24; *Brox/Walker*, Rn. 263; *Leipold*, Rn. 249; *Eckert*, AcP 199(1999), 337, 359; *Schlüter/Röthel*, § 20 Rn. 18 a. E.

[3] BVerfGE 91, 346, 359; 99, 341, 350 f.; BayObLG DNotZ 2001, 138, 139.

[4] BVerfGE 67, 329, 345.

[5] BGHZ 111, 36, 39; 123, 368, 371.

[6] 批判态度参见：*Leipold*, Rn. 255.

首先要考虑的是，这一条款本身是否侵害了基本权利。显然，其限制了世子选择对象的自由。如果后者不选择门当户对的配偶，则很可能会失去继承权。这完全取决于家主的意志。1925 年的继承契约其实是以后家主决定的法律基础。该决定将直接侵害相应的自由，但其法律基础则仅有危害的可能。[1] 这一论证看似僵硬，但在基本权利只发挥间接作用时，保护上要求侵害实际发生。只在拒绝同意的表示作出时，才有进一步的审查。因此，以族规第 25 条为内容的继承契约并不因为侵害基本权利而违反善良风俗。

（3）继承契约对个人决定的影响

然后的问题是，在具体情况中继承契约是否会对个人生活方式产生不当影响，尤其当被继承人将**继承人的特定行为**与相应的财产后果挂钩而对其实施控制时。[2] 答案取决于被继承人如此做法的目的为何。[3] 对于家主而言，必须选择一个可以秉持家族传统（包括高贵血统的维持）的后代以传承家族财产。在长子继承制下，必然要求其世子婚姻的纯正性，以使各代继承人的出身绝对高贵。这一观念虽显保守，但非毫无道理。[4] 被继承人其实旨在安排其遗产，而非刻意羞辱后代或其配偶。在这意义上，继承契约并未违反第 138 条第 1 款。

---

[1] BVerfG NJW 2000, 2495, 2496. 不同情况另见：霍亨索伦家族规定，联姻对象必出自曾经为领主之贵族世家。联邦法院认为该规则有效（BGHZ 140, 118）。联邦宪法法院则认为，这一认定并未充分考虑基本法第 6 条第 1 款的婚姻缔结自由。因为，相关族规的目的在于确保正统的王位继承。在君主制终结后，这一条款已无意义。因而似乎不可再以之限制后代的相应自由（BVerfG 2004, 2008, 2011）。

[2] Palandt/*Eellenberger*, § 138, Rn. 49.

[3] BGHZ 140, 118; BVerfG NJW 2004, 2008, 2010.

[4] 基本上这是一个价值判断的问题，难以定论。

最后要考虑的是，是否可能因为遗嘱自由超过了其**内在限制**而有悖善良风俗。理论上有认为，遗嘱自由仅限于财产处分，而不可控制（潜在）继承人的行为。[1] 继承法主要在于确定财产归属，而非保障被继承人的人格发展。[2] 指向特定行为的意愿已经超越了私法自治的可能范围。其法律行为根本无法成立。[3]

这一观点的可取之处在于提及了一个重要的基础理论，即**法律构造的滥用**。类似的情况还如，资合公司中股东的直索责任。[4][5] 只是，本案中其实并无滥用的情事。依民法典第 2074 条及第 2075 条，死因给予行为本来就可以附停止或解除条件。同意结婚其实就是 Z 被指定为其曾祖的后继承人的解除条件。

（四）解除条件的成就

在 A1 拒绝同意 Z 与 E2 的婚姻而后者仍然完婚的情况下，解除条件即依第 158 条第 2 款而成就。依第 162 条第 2 款，就解除条件之成就而受有利益者以悖于**诚实信用**之方式促使该条件成就者，视为条件不成就。本案中，条件是因 Z 的结婚而成就，因此前条不能直接适用。不过，通说认为，得利者如果以悖于诚实信用之方式拒绝协助而使条件成就，则第 162 条第 2 款准用之。[6] 由此，关键在

---

[1] *Keuk*, FamRZ 1972, 9, 15; *Schlüter*, FS Zivilrechtslehrer 1934/35, 1999, S. 575, 579 ff.

[2] *Schlüter*, FS Zivilrechtslehrer 1934/35, 1999, S. 575, 580.

[3] *Schlüter*, FS Zivilrechtslehrer 1934/35, 1999, S. 575, 585.

[4] 译者注：即英美法上之刺破公司面纱。要点在于不使股东借助有限责任的法律构造逃避其实际债务。

[5] *Schlüter*, FS Zivilrechtslehrer 1934/35, 1999, S. 575, 580; K. *Schmidt*, Gesellschaftsrecht, § 9.

[6] BayObLG FamRZ 2000, 380, 385.

于 A1 的拒绝是否悖于诚实信用。

A1 的表示是一个法律行为，仅在不侵害**基本权利**时有效。在第 162 条的情况中，基本权利作为保护性规则可在“诚实信用”这一一般条款的解释中体现。基本法第 6 条第 1 款保障个人选择婚姻对象之自由。[1]A1 在拒绝同意而使 Z 失去继承权后，侵害了该自由。不过，A1 可以主张，其行为在于实现其祖父的遗愿而受基本法第 14 条第 1 款第 1 句的保护。两项权利在**适用时需协调一致**。[2]A1 拒绝的原因在于，家族后代可以以家族传统管理并保有祖产。而继承人婚配对象的出身直接关系到其如何保持传统并教育子女。这一立论在法律上没有不妥。而且，就利益状况而言，Z 始终保有其特留份请求权。所以，家主的决定并未因违反基本法第 6 条第 1 款而悖于诚实信用。

此外还要回答的是，家主的反对是否以出身歧视平民女子，并违反了基本法第 3 条第 3 款第 1 句的**禁止歧视原则**。尽管 A1 的拒绝不仅由于 E2 的出身，也由于家族未来在高阶贵族范围的声望（从 A1 接纳了同样是平民出身的 E1 可以看出他确实不是排斥所有平民）。[3] 可是，其决定毕竟基于 E2 的背景。后者则是基本法第 3 条第 3 款第 1 句的保护内容。不过，A1 的拒绝最终并非使 E2，而是使其丈夫 Z 失去了财产利益。所以，有疑问的是，E2 的权利是否确实被侵害。本案中，这一点或可存而不论，因为 A1 的选择可以被遗嘱自由的基本权利正当化。在民事交往中，平等权的保护

[1] BVerfGE 31, 58, 67.

[2] BayObLG FamRZ 2000, 380, 386; *Staudinger*, Jura 2000, 467, 470.

[3] 比较：BayObLG FamRZ 2000, 380, 387.

力度较弱。因为，在意思自治的大前提下，法律行为本来即可任意为之，仅在例外情况下需有所限制。[1] 既然 A1 的本意不在于贬低 E2，而是为了祖产的延续，则基本法第 14 条第 1 款第 1 句的保护仍不能剥夺。基于同样的理由，也不能认定对其后代有歧视的情况。

综上，A1 的拒绝并未违反诚实信用原则。解除条件确实成就。Z 不再是第五代 N 侯的继承人。

## 二、A1 死后的继承

Z 也可以是其父亲 A1 的继承人。A1 撤回了其于 1984 年 12 月 19 日的契约，其中将 Z 立为唯一继承人；而于 1991 年 10 月 9 日立了新的遗嘱，其中立其次子为继承人。但是，如果 Z 的撤销有效，则第二份遗嘱可能依第 142 条第 1 款无效。撤销原因可依第 2078 条第 2 款为动机错误。A1 可能错误认为族规中同意条款的有效性。不过，前述已经认定该条款的合法性。因此，撤销原因不存在。Z 不再是 A1 的继承人。

## 三、结　论

Z 既非其曾祖第五代 N 侯，也非其父 A1 的继承人。

---

[1] BGHZ 140，118，132.

# 案例五　遗嘱订立的高度人身性

## 关键词

代理禁止　第三人决定之禁止　“最合适者”继承的法律意义

## 案件事实

庄园主G于1936年11月7日于其Kr农场中去世，没有留下子嗣。在他的亲笔遗嘱（1934年6月20日）中，授权他的侄女N在N的所有儿子（X、Y和Z）中选择一个最合适的人选，以使Kr农场在目前的不佳境况中尚能盈利并助益社会。他这样安排的用意在于使其家族尽可能地保住其产业。在G看来，Kr农场无法再承担更多负担，因此无法满足所有家族成员的愿望。

基于这一授权，N选择了Z作为最合适的继承人。本来享有1/27继承权的G的侄孙女（是G的兄弟B的孙女，B先于G去世）则认为该遗嘱无效。

## 问题：

一、遗嘱是否有效？

二、如果 G 在遗嘱中规定，X、Y 及 Z 通过抽签决定谁来继承其农场，则情况如何？

三、如果 G 规定，X、Y 及 Z 中最能经营农场者继承其财产，则情况又如何？

## 原始判例：

RG 18.3.2017-IV 250/36，Seufferts Archiv 91（1937），Nr. 106；

RG 6.2.1939-IV 188/38，RGZ 159，296；

BGH 18.11.1954-IV ZR 152/54，BGHZ 15，199；

BGH 14.7.1965-V BLw 11/65，NJW 1965，2201.

## 解答

### 一、授权确定继承权的有效性

#### （一）实质人身性原则

本案中亲笔遗嘱可能因民法典第 2065 条第 2 款无效。依该条，被继承人不得将确定受益人（包括继承人及受遗赠人）的权利让与他人。被继承人的死因处分具有高度人身性。一方面，依民法典第 2064 条，立遗嘱的行为不可代理（形式人身性原则）。另一方面，依民法典第 2065 条，立遗嘱人就遗嘱之内容需自作安排，不可将确定遗产取得人及遗产内容的权利交由他人（实质人身性原则）。后一原则主要在于实现如下目的：[1]（1）避免以过度放弃处分的方式滥用遗嘱自由（即私法自治）；（2）使更改法定继承顺位的权利保留在被继承人手中；（3）防止出现不合于社会观念的职业性“继承服务社”。[2] 不过，立法者也在许多地方列出了**例外情况**。比如，依第2048条第2句，第三人可以适当确定析产方式。[3] 依民法典第2151条第1款，被继承人可圈定多个受遗赠人，并使继承人或第三人决定其中何人可以最终获得遗赠。[4]

第2065条第2款的适用则在实践中常常遇到困难。被继承人常常想将其企业或农场完整地交由合适的人来接手。可是在其生前往往难以确定何人具有相应的资质继续经营（如由于家族后代成员尚且年幼）。[5] 所以，比较可取的是将决定权交给他所信赖的人。由此，在过去英国占领区所实施的农事条例第14条第3款中规定，[6] 农场主可以通过死因处分授权其配偶在后代中选择农场继承人。但是，这一处分方式显然与第2065条的明确禁止相抵触。

### （二）第三人依客观标准确定继承人

而在本案的情形，帝国法院并不认为与第2065条第2款冲突。该

[1] *Großfeld*, JZ 1968, 113, 116 ff.

[2] 遗嘱目的常常在于使家庭财产在被继承人死后仍不分离。第三人的选定权也主要在于维持财产的集中，并阻止由法定继承顺位而造成的财产分离。可是，继承法的旨趣并不在此。实质人身性原则的意义在于，尽可能避免更改法定继承顺位，并使该权利保留在被继承人手中。*Helms*, ZEV 2007, 1, 4 f.; *Goebel*, DNotZ 2004, 101, 104 ff.; *Otte*, Hereditare 4, 2014, 23, 24 ff.

[3] *Obergfell*, Hereditare 4, 2014, 1.

[4] 其他例外参见：Staudinger/*Otte*, § 2065 Rn. 5 ff.; *Brox*/*Walker*, Rn. 97.

[5] OLG Köln OLGZ 1984, 299, 301.

[6] Palandt/*Weidlich*, Art. 64 EGBGB Rn. 2 f.

条不要求被继承人**明定**继承人。他可以仅圈定一个有限的范围，并使第三人选择其中符合特定实质要件者（如完成特定任务的资质）成为最终继承人。[1] 重要的是，候选人的范围应尽可能地有限，且挑选的标准尽可能地明确，使第三人并**无恣意**的可能，而仅能判断相应条件是否满足。[2] 至于是否包含价值判断，则不要紧。此时，第三人的决定仅在明显不符合特定条件且违背被继承人的嘱托时无效。本案的情形更加倾向于认可其合理性。第 2065 条的目的仅在于使法定继承规则让位于被继承人的意愿，而非第三人。本案中的安排与此并不矛盾。[3]

联邦法院至今对这一处理的正当性不予表态。[4] 不过，其似乎采用了更为严格的标准。[5] 依其观点，依第 2065 条，被继承人不可将继承人及遗产内容的**决定权**，而仅可将具体的**确定权**交由第三人。[6] 这一确定权是否被允许，取决于死因处分中所提出的特定条件是否明确到可以使每个具有相应专门知识的人作出选择，而**不必**再借助其个人的估量。[7]

### （三）对 N 的授权

本案是否符合前述标准其实尚有疑问。[8] 尽管被继承人在遗嘱

---

[1] RGZ 159, 296, 299.

[2] RGZ 159, 296, 299.

[3] RGZ 159, 296, 299.

[4] BGHZ 15, 199, 202; 45, 199, 201 f.; BGH NJW 1965, 2201; NJW-RR 2004, 1376, 1377; Soergel/*Loritz*, § 2065 Rn. 28-30; Staudinger/*Otte*, § 2065 Rn. 31 ff.

[5] *Westermann*, FS *Möhring*, 1965, S. 183, 192 f.; *Großfeld*, JZ 1968, 113, 114; MüKoBGB/*Leipold*, § 2065 Rn. 18; Staudinger/*Otte*, § 2065 Rn. 33.

[6] BGHZ 15, 199, 202.

[7] BGHZ 15, 199, 203. 文意同于帝国法院者：45, 199, 201 f.

[8] 认为不合前述标准的参见：BGHZ 15, 199, 203.

中提到了两个确定标准：其一，可以使处于困境中的农庄盈利；其二，服务社会的意愿。然而，可能出现 X、Y 和 Z 三人同时符合要求的情形。此时，G 在遗嘱中所授予 N 就不仅是具体确定权，而是第 2065 条第 2 款所禁止的决定权。[1]

不过，问题在于，是否确实可以明确区分所谓确定权与决定权，并判断第三人是否忠于遗愿抑或任意为之。[2] **理论**中有认为，如果被继承人给予其信赖的人一个明确的**判断余地**，则其授予选择权的行为仍然符合实质人身性原则。[3] 但是，这不意味着被继承人可以回避其责任。基于前述第 2065 条的政策考量，[4] 只有被继承人在死因处分时迫于关键情况暂时不明而无法作出决定时，授权第三人的行为才是合理的。[5] 比如，候选人都过于年幼。此时，被继承人必须自己确定第三人，并严格圈定有限的候选人范围，将来可依明确的标准作出选择。该标准可由法院事后检验。[6]

如此，本案中的问题是，G 在生前是否确实无法自己判断其侄孙们的资质，如通过与其侄女商谈的方式作进一步的了解。[7] 如果

---

[1] 译者注：因为在三人条件相同时，到底选择何人便完全取决于 N。

[2] *Großfeld*, JZ 1968, 113, 114; *Kipp/Coing*, § 18 III 4b; Staudinger/*Otte*, § 2065 Rn. 35; Soergel/*Loritz*, § 2065 Rn. 27.

[3] Staudinger/*Otte*, § 2065 Rn. 35; Soergel/*Loritz*, § 2065 Rn. 30; *Brox/Walker*, Rn. 96 f.; *Lange/Kuchinke*, § 27 I 4; *Leipold*, Rn. 284; *Großfeld*, JZ 1968, 113, 121. 反对观点：HK-BGB/*Hoeren*, § 2065 Rn. 2.

[4] *Großfeld*, JZ 1968, 113, 120 ff.; Soergel/*Loritz*, § 2065 Rn. 31.

[5] *Westermann*, FS Möhring, 1965, S. 183, 195; *Großfeld*, JZ 1968, 113, 120 m. w. N; *Klunzinger*, BB 1970, 1197, 1198.

[6] *Großfeld*, JZ 1968, 113, 12. 正确地指出，不可使第三人在家人和外人间作选择。因其违背了法定继承顺位所反映的亲疏观念。

[7] *Kipp/Coing*, § 18 III 4b.

因为其过于年幼而难以决定，则 G 的妥善安排才可被接受。[1] 否则，其处分便会因与第 2065 条第 2 款相冲突而无效。

## 二、抽签决定继承人的有效性

死因处分的效力原则上可以取决于条件，即未来不确定的事实。尤其是对继承人的确定可以设置条件（比较第 2074 条以下及第 2103 条以下的解释规则）。[2] 帝国法院因此正确地肯定了以抽签方式确定继承人的有效性。[3] 实质人身性原则与此并不冲突，因为这里没有**第三人**决定的余地，被继承人没有规避**其责任**的可能。同时，这一点也可以印证，以实质标准授权确定继承人的方式并无不妥。既然被继承人可以以完全偶然的抽签方式安排遗产，那么第三人以事先确定的客观标准来作决定也无不妥。[4]

## 三、指定“最合适者”继承的有效性

如前所述，授权第三人确定继承人其实是权宜之计，因为被继承人在生前无法作出决定而只能交由可以信赖的人。此时，为协调第 2065 条第 2 款的意旨，该人必须由被继承人**自己任命**。[5] 如果仅

---

[1] *Westermann*, FS *Möhring*, 1965, S. 183, 196.

[2] *Kipp/Coing*, § 43 III; *Brox/Walker*, Rn. 96, 215; *Lange/Kuchinke*, § 27 I 6c; MüKoBGB/*Leipold*, § 2065 Rn. 14.

[3] RG Seufferts Archiv 91, 1937, Nr. 106; Staudinger/*Otte*, § 2065 Rn. 12; *Lange/Kuchinke*, § 27 I 6d. 反对观点：MüKoBGB/*Leipold*, § 2065 Rn. 14; Palandt/*Weidlich*, § 2065 Rn. 7; Soergel/*Loritz*, § 2065 Rn. 15.

[4] *Lange/Kuchinke*, § 27 I 6.

[5] BGH NJW 1965, 2201; KG ZEV 1998, 260, 261; Staudinger/*Otte*, § 2065 Rn. 36; MüKoBGB/*Leipold*, § 2065 Rn. 27; Soergel/*Loritz*, § 2065 Rn. 32.

仅作了一个一般安排，如最合适者继承的说辞，则与第 2065 条第 2 款不符。即便依第 2084 条的解释规则而将决定权交由遗产法庭，也不可视该处分为有效。因为，依照合目的性原则，该法庭并无相应的职能。[1]

[1] MüKoBGB/*Leipold*, § 2065 Rn. 27 m. w. N.

# 案例六　亲笔遗嘱的效力及内容

## 关键词

继承证书的取得要件　遗嘱的解释　后遗嘱对前遗嘱的撤回
亲笔遗嘱的形式要求　死因处分的部分效力

## 案件事实

A具有西班牙国籍，自从与B结成同性生活伴侣关系后，她一直生活在德国。不久前，A得了重病。B渐渐厌烦于独自照料A，因而请了护工E帮忙。A自觉大限将至，决定在E的面前立下遗嘱。她使用了个人信纸（印有她的姓名及地址）。为安全起见，还用了复写纸。在印好的地址边上，她手写了日期。接着，她继续写道：

我的遗愿

1. 我将我在Hugelfing的房产以及我在Hugelfing社区储蓄所的

存款赠与我住所地的志愿消防队，以奖励他们的英勇行为。

2. 我的看护 E 获得 5000 元，因为他全心全意的照料。

A.M.

房产及 50000 元存款构成了 A 的所有财产。

由于病重的影响，A 已感气力不支，在写遗嘱第 2 项时，其实是 E 帮着 A 握住笔的，这一点从笔迹中可以明显看出。最后签名的大写字母（即 A.M.），则是 A 独立完成。

遗嘱刚刚写完，B 正好经过，她抢过遗嘱一看究竟，发现自己完全没被提及后，她伤心地跑出了房间。此时，她手中仍然拿着遗嘱。

良久，A 有些后悔。她拿起遗嘱的复写纸，在正文之上写了“原件”二字。接着，她划掉了第 1 项中的“我住所地的志愿消防队”，而写上了“我亲爱的妻子”。然后，她将该纸塞入信封中封好，在信封上写下“此中乃我遗嘱”，并签上了完整的姓名。

不久，A 过世。

B 向遗产法庭提交了该复写纸，申请取得以她为唯一继承人的继承证书。

## 问题：

一、遗产法庭可否开具该文书？

二、E 有何请求权？

# 解答

## 一、继承证书的开具

### （一）继承证书开具的要件

依民法典第 2343 条，遗产法庭须为继承人出具证明其继承权的证书。基于死因处分而申请该证书的人，须依亲属程序法第 352 条第 2 款作出相应说明。尤其是澄清死因处分的所有内容。具体说明其继承权基于哪一死因处分行为，以及是否还存在其他处分内容。其中，不可以处分无效为由而隐瞒，而须将原始遗嘱的全部内容罗列出来。此外，依亲属程序法第 353 条第 3 款，申请人还需提交记载其权利的文书原件，本案中，即该复写纸。遗产法庭经过审查（比较亲属程序法第 26 条），并认定支持申请所必要的事实存在后，依第 352e 条第 1 款向申请人开具继承证书。[1] 由此，本案中是否出具取决于 A 嗣后在复写纸上更改的内容是否构成一份新的有效遗嘱的原件，借此，B 可以成为唯一合法继承人。

### （二）B 作为唯一继承人，E 作为受遗赠人

A 死亡时，其经常居住地在德国。依欧盟继承（冲突）法第 1 条，适用德国继承法。[2] 依民法典第 2087 条第 1 款，如果被继承人将财产或财产之部分份额给予特定人，则视为将其立为继承人。在遗嘱

---

[1] *Kroiß*, JA 2009, 882 ff.; *Schrenck/Keller*, JA 2016, 51 ff.

[2] 关于欧盟继承法令详见：*Staudinger/Friesen*, JA 2014, 641 ff.; *Zwirlein*, JuS 2015, 981 ff.

行文中，是否明确将其表述为继承人，在所不问。本案中，A亲笔更改了遗嘱的复写纸，将所有财产给予其同性生活伴侣（除了给予E的少量现金）。依前条所定的解释规则，视为将B立为继承人。而A关于E所作的安排，则依第2087条第2款及第1939条，视为遗赠。[1]这两项处分是否生效，须就遗嘱本身而定。

### （三）以撤回方式变更遗嘱

按立遗嘱的行为，本来即不要求一次完成。[2]被继承人可以嗣后补充先前所写的文书以更改遗嘱。A在复写本上亲笔标注了“原件”后，该复写本便不再是单纯的复制，[3]而是符合第2247条的形式要件所立的遗嘱。

在尚未更改其内容时，该件已被视为等同于原件的死因处分之载体。[4]而亲笔将志愿消防队改为同性生活伴侣的行为，与原来的处分相矛盾。此时应解释为，更改内容是新的遗嘱，而矛盾之处则同时包含了撤回前一死因处分的意义（第2258条）。撤回生效的前提是，后一遗嘱符合法定形式要求。

---

[1] 如果给予之金钱难以被认为构成遗产的部分份额，则为遗赠。BayObLGZ NJW-RR 1997, 389; Palandt/*Weidlich*, § 2087 Rn. 8. 进一步的区分标准参见：*Otte*, NJW 1987, 3164 f.

[2] BayObLGZ 1984, 194, 196; 1992, 181, 187; OLG Zweibrücken FamRZ 1998, 581, 581 f.; Soergel/*Mayer*, § 2247 Rn. 27 f.; Erman/*Kappler*, § 2247 Rn. 10; *Schlüter/Röthel*, § 17 Rn. 21 ff.

[3] Soergel/*Mayer*, § 2247 Rn. 17.

[4] 同一内容而多份遗嘱，并不违法。BGHZ 47, 68, 73; Staudinger/*Baumann*, § 2247 Rn. 108; MüKoBGB/*Hagena*, § 2247 Rn. 36.

### （四）“蓝印遗嘱”的形式效力

依第 2247 条第 1 款，手书遗嘱需**亲笔写成并签名**。必须所有内容都是亲笔手写。其目的在于确保其临终决定的自主性及表达的真实性。[1] 在嗣后审查时，可就笔迹判断其行为的个人属性。[2] 如此，通说及判例认为，如果印描他人书写内容（即用可透光的纸在别人文书上描摹一遍），则因形式不符而无效。[3] 本案中，虽是在蓝印纸上更改，但其拓印的内容本来就是 A 自己所写。故而与前例不同。只是，利用复写纸时，文书伪造的风险要大于使用一般纸张。[4] 不过，现行规则并未作进一步的细分。按后者，用粉笔在墙上所写的内容，也符合法定形式。所以，判例中仍然认可“蓝印遗嘱”的有效性。[5] 但是，其真实性要更加严格地认证。第 2247 条的要件须一一检视。

**1. 立遗嘱地点的标明**

由于被继承人使用了有抬头的个人信纸，遗嘱的地点标明并非亲笔。不过，依第 2247 条第 2 款，立遗嘱的时点并不要求手写。借助机械手段并无问题。[6] 本案中，也没有因为地点不明而对遗嘱效力产生疑问（第 2247 条第 5 款）。

---

[1] BGHZ 47, 68, 70 m. w. N.

[2] 仅用箭头图标罗列继承顺位，则不构成手书遗嘱。OLG Frankfurt MDR 2013, 985.

[3] BGHZ 47, 68, 71 m. w. N.

[4] *Grundmann*, AcP 187（1987）, 429, 442.

[5] BGHZ 47, 68, 72; BayObLG FamRZ 1986, 1043, 1044; KG FamRZ 1995, 897; Palandt/*Weidlich*, § 2247 Rn. 6; Soergel/*Mayer*, § 2247 Rn. 17; *Werner*, DNotZ 1972, 6 ff.; *Grundmann*, AcP 187（1987）, 429, 442. 反对观点：KG NJW 1966, 663.

[6] 比较：Palandt/*Weidlich*, § 2247 Rn. 13; *Grundmann*, AcP 187（1987）, 429, 431; KG JFG 17, 102; *Lange/Kuchinke*, § 20 III Fn. 30.

## 2. A 的签名

真正的问题在于，嗣后更改遗嘱而立 B 为继承人的行为是否符合第 2247 条第 1 款关于手写遗嘱的要求。更改其实发生在遗嘱已经完成之后。而最终在**信封**的签名，也不能认为是针对新死因处分的**新签名**。尽管在部分情况下信封签名可以具有有效性，但其前提是该签名可以被认为是封内文书内容的延续及结束。[1] 本案中，签名其实是针对特定的标注（即“此中乃我遗嘱”这句话），而非整个处分内容的延续。[2]

不过，蓝印内容中的原始签名或可作为嗣后更改的结束。判例及理论通说认为，嗣后更改内容在没有重新签名时也可生效，只要该内容仍符合由文书所反映的意愿。[3] 本案中，这一条件充分：一方面，A 在复写纸上亲笔标注了“原件”；另一方面，她就在原来指定继承人的位置作了更改。

还有一个问题是，A 的签名只用了**缩写**。依第 2247 条第 3 款，签名应包含被继承人的名与姓。解释上认为，签名只要可以确定被继承人的身份及表意的真实性即可。理论上有认为，以大写字母缩

---

[1] 比较：BayObLG ZEV 1994，40；Staudinger/*Baumann*，§ 2247 Rn. 101 m. w. N. 信封签名是否可以被视为遗嘱内容的结束在个案中是一个事实问题。判例参见：*Lange/Kuchinke*，§ 20 IV Fn. 63.

[2] RGZ 61，7，9；110，166，169；OLG Düsseldorf NJW 1972，260；OLG Hamm OLGZ 1986，292，293；BayObLG NJW-RR 2002，1520；OLG Frankfurt NJW 1971，1811，1812；*Grundmann*，AcP 187（1987），429，458 f.；*Kipp/Coing*，§ 26 I 4 N. 23；*Brox/Walker*，Rn. 124.

[3] BGH NJW 1974，1083，1084；BayObLGZ 1965，258，262；BayObLG FamRZ 1986，835，836；Staudinger/*Baumann*，§ 2247 Rn. 63；Palandt/*Weidlich*，§ 2247 Rn. 14；Soergel/*Mayer*，§ 2247 Rn. 29. 反对观点：*Kipp/Coing*，§ 26 I 4 N. 23.

写并非不可。[1] 只是须仔细验证其作者及表意的严肃性。本案中，由于使用了个人信纸，签名的真实性没有疑问。问题在于表意的严肃性。依交易习惯，署名首字母，仅能认为是尚不具备法律拘束力的草稿。而且，依常理，即便是最随性散漫的人，在作临终处分如此重要的表意时也应署全名。但是，本案中 A 由于重病而力竭，简短签名实属无奈，因而其严肃性也无疑问。

### （五）结论

综上，嗣后更改的复写纸在形式上并无疑问，B 成为唯一继承人。依第 2258 条第 1 款，先前的处分不再有效。遗产法庭应向 B 出具继承证书。

## 二、E 的请求权

对 E 的遗赠则未符合形式要求。尽管被继承人在手写时可由他人帮助，只要其活动能力尚且自由。[2] 但是，如果第三人已经实际上主导了握笔，则形式要求不再符合。[3] 此时，表意的独立性和真实性已难以保证。如此，该情况下所写的遗赠内容依第 125 条第 1

---

[1] OLG Celle NJW 1977, 1690; OLG Stuttgart Justiz 1977, 378; MüKoBGB/*Hagena*, § 2247 Rn. 29; Soergel/*Mayer*, § 2247 Rn. 22; Palandt/*Weidlich*, § 2247 Rn. 10; *Lange/Kuchinke*, § 20 IV 3a; *Brox/Walker*, Rn. 123; *Grundmann*, AcP 187 (1987), 429, 431. 反对观点：Staudinger/*Baumann*, § 2247 Rn. 107; *Kipp/Coing*, § 26 I 2a.

[2] BGH NJW 1981, 1900, 1901; BayObLG RPfleger 1985, 493; Staudinger/*Baumann*, § 2247 Rn. 38 f. m. w. N; Soergel/*Mayer*, § 2247 Rn. 15.

[3] BGHZ 47, 68, 71; BGH NJW 1981, 1900, 1901; BayObLG FamRZ 1986, 726, 727.

句无效。[1]由于这只是遗嘱中**一项**处分，对**其他**处分的效力并无影响。依第 2085 条，[2]除非 A 规定 B 的继承在遗赠无效时不成立，立 B 为继承人的行为仍然有效。本案中并无这一例外情事。因此，E 不能向 B 请求 5000 元。遗赠人依第 2174 条与第 2147 条的债权取得因遗赠无效而不成立。

[1] Palandt/*Weidlich*, § 2247 Rn. 13; *Leipold*, Hereditare 3, 2013, 1; LG Bonn NJW 1999, 2977.

[2] BayObLG FamRZ 1986, 726, 727; RGZ 63, 23, 38.

# 案例七　负担、遗嘱的补充解释及撤销

## 关键词

遗产请求权　负担的无效性　因意思表示瑕疵而撤销死因处分

## 案件事实

寡妇 W 于 1927 年 11 月 28 日以公证方式立下遗嘱，并将之保存于地方法院。其中将纽伦堡市确定为其唯一继承人，且规定：

a）遗产应用于帮助盲人及残疾人治疗及照料机构；

b）被继承人位于中央墓园的家族墓地应长期维护，并将部分家族相片保存在墓园中；

c）受利益机构的全体病人应一年一次（尽可能于被继承人忌日）拜访其墓地，同时应有小型乐队相伴（最好是军乐队）。该活动需存续一百年。

1929 年 7 月 W 与 H 再婚。两人订立了婚姻继承契约，决定彼此放弃法定继承权及特留份。

1939 年，H 去世。1945 年，W 去世。二人都没有后代。

1948 年 4 月，纽伦堡市地方法院出具继承证书。其中，W 由 28 位亲属继承。此时，1927 年所立的遗嘱并未被注意。1960 年 7 月，在一次例行查档中，发现了该遗嘱。

纽伦堡市现在向 W 的亲属请求该遗产。后者则认为，遗嘱无效，因为其内容无法执行。中央墓园在 1938 年已经关闭。家族墓地则已迁往城西墓园。年度扫墓活动以现在的交通条件来说已不现实。此外，从 W 后来的行为来看，她已不再认可原来的处分。1960 年 9 月，亲属们向遗产法庭申请撤销该遗嘱。

## 问题：

法律状况如何？

## 原始判例：

BGH 30.11.1964-III ZR 82/63，BGHZ 42，327.

# 解答

## 一、纽伦堡市的遗产请求权

纽伦堡市所主张的权利可看作民法典第 2018 条的遗产请求权。依该规定，基于并不存在的继承权而从遗产中有所取得者（遗产占有人），继承人可请求返还该所得。[1] 其构成要件是，债权人

[1] *Brox/Walker*，Rn. 573 ff.；*Medicus/Petersen*，Rn. 603a ff.；*Prütting*，JuS 2015，205 ff.

有继承权，而债务人占有遗产（占有之取得即来自不法继承）。如此，本案中，1927年的遗嘱必须有效，以使亲属的法定继承不再可能。

## 二、遗嘱的执行

就公证遗嘱的执行，有疑问的是，W的部分安排已难以实现。

### （一）负担的有效性

被继承人在遗嘱中所规定的遗产用途、墓地维护以及扫墓活动构成第1940条的负担。为使特定人获得特定利益，除了直接将其立为继承人，或遗赠特定财产，被继承人还可以使继承人对其负担某些义务。凡可成为债之标的者都可作为负担之内容。就此，本案中遗嘱的特别规定均可成立。依第2192条及第2171条，如果继承开始时已经给付不能，则该负担无效。依第2195条，如果可以认定，遗产的取得以负担的履行为必要，则在负担无效时，继承也无效。本案中，纽伦堡市获得遗产的意义就是要实现被继承人的特定目的。问题仅在于，负担是否因给付不能而无效，进而使意定继承不发生。

### （二）负担的可执行性

由于中央墓园已不存在，家族墓地也已迁走，使负担的执行可能产生疑问。情事的变化使得墓地维护与扫墓活动无法完全按照被继承人事先安排的方式进行。不过，此时尚且不能直接认定负担因为给付不能而无效。判例中认为，如果被继承人的意愿可以以其他方式实现时，负担仍然有效。[1] 由此，最终还是取决于对遗嘱的解释。[2]

如果继承开始时立遗嘱的行为已经过去很久，确实可能因时过境迁而使被继承人的目的无法再以预设的方式实现。在第 2169 条第 3 款、第 2172 条第 2 款及第 2173 条的解释规则中，立法者已经考虑到了部分个别情形。相应地，在死因处分因为情势变化而出现不确定时，应通过补充解释来判断，如果被继承人在立遗嘱时知道嗣后的变化会如何调整其安排，[3] 也即假设其后来的意愿。[4] 就此，除了遗嘱的文义，还需考虑所有相关的客观情况。[5] 要注意的是，由于遗嘱在形式上的严格要求，对真意的解释必须在遗嘱文本中有可靠的反映。[6] 否则该意思会因欠缺要式性而无效。换言之，意思表示的补充解释必须以遗嘱的文本为限。[7]

本案中，由遗嘱内容可知，除维护墓地外，被继承人真正在意的是全体病人的年度扫墓活动（伴随乐队）。尽管这一点在原来指定的地点已不可能。但是，履行该义务根本与墓地的具体坐落点无

---

[1] BGHZ 42, 327, 330; Staudinger/*Otte*, § 2195 Rn. 2; *Lange/Kuchinke*, § 30 III 5c.

[2] Palandt/*Weidlich*, § 2084 Rn. 14; Soergel/*Mayer*, § 2084 Rn. 4, 50.

[3] 比较: RGZ 99, 82, 85; 134, 277, 280; BGH FamRZ 1962, 256, 257; WM 1971, 533, 534; LM § 2084 Nr. 5; OLG München ZEV 2006, 456, 457; MüKoBGB/*Leipold*, § 2084 Rn. 84 ff.; Palandt/*Weidlich*, § 2084 Rn. 8 f.

[4] BGH FamRZ 1962, 256, 257; MüKoBGB/*Leipold*, § 2084, Rn. 84.

[5] BayObLG NJW-RR 1997, 1438, 1439; OLG Hamm FamRZ 1998, 121, 123; BGH NJW 1963, 1150, 1151; Palandt/*Weidlich*, § 2084 Rn. 2.

[6] RGZ 99, 82, 86; 134, 277, 280; BGHZ 22, 357, 360 ff.; 80, 242, 246; 86, 41, 47; BGH FamRZ 2002, 26; OLG Köln ZEV 2009, 241, 242; MüKoBGB/*Leipold*, § 2084 Rn. 87 ff.; Staudinger/*Otte*, Vorbem. zu § 2064 ff. Rn. 28 ff.

[7] BayObLG NJW-RR 1997, 1438, 1439; Staudinger/*Otte*, Vorbem. zu § 2064 ff. Rn. 87; *Brox/Walker*, Rn. 204.

关。在城西墓园的新址，扫墓活动完全可以正常进行。至于相片保存，其目的显然在于继续纪念被继承人及其家族。在墓地迁走后，其实也可将之直接存放于医疗机构中。[1]

由此，略微调整方式后，原定的负担仍然可以在满足被继承人意愿的意义上履行。这一结论也符合第 2084 条的有利解释原则。依后者，在死因处分意义不明时，应尽可能选择使处分生效的解释方案。本案中，虽然遗嘱内容明确而不能直接适用该条，[2] 但立法者的目的其实在于尽可能实现当事人的意愿。就此而言，此处并无二致。否则当事人的处分就会因拘泥文义而无效。

### （三）W 表意的要式性

前述的补充解释完全立足于合乎形式要件（第 2231 条第 1 项及第 2232 条的公证遗嘱）的遗嘱文本。因此，要式性不成问题。

## 三、遗嘱的有效撤销

W 于 1927 年 11 月 28 日所立的遗嘱可能因为意思表示瑕疵而被继承人撤销，进而依第 142 条第 1 条无效。死因处分的撤销由第 2078 条以下规定，是第 119 条以下规定的特别法。[3] 依第 2080 条，法定继承人作为该处分的直接利害关系人享有撤销权。撤销也符合第 2081 条所规定的形式及第 2082 条所规定的期限。有疑问的是，是否存在第 2078 条意义上的撤销原因。内容及表示错误并不存在。被继承

[1] BGHZ 42, 327, 330 f.

[2] BGHZ 42, 327, 329; MüKoBGB/*Leipold*, § 2084 Rn. 60; *Brox/Walker*, Rn. 205.

[3] *Medicus/Petersen*, Rn. 146 ff.; *Löhnig*, JA 2016, 801 ff.

人对其措辞的客观意义并无认识错误，也没有表达上的错误。依第2078条第2款，死因处分也可以基于动机错误而撤销（与第119条的一般规则不同）。所谓动机，取决于当事人在立遗嘱时的想法和期待。本案中可能的是，W本来并不认为自己还会再婚。不过，证据尚显不足。尤其难以确定的是错误与表意间的关联性，因为再婚时的婚姻继承契约即排除了婚姻关系对双方本来继承的影响。由此，无法推知W如果事先知道再婚会在1927年的死因处分中有不同的安排。

从后来的事实来看，W似乎早已忘记了先前的处分，而任由法定继承的效果发生。但是，这一点尚不足以构成第2078条第2款的动机错误。事后改变想法对先前的处分毫无影响，因为错误与否仅以表意的当时为准。[1] 由于当时W并无错误，因而并无撤销原因存在。这一结果从利益状况上也极为合理。如果仅仅是忘记先前处分即可使相关人撤销遗嘱，则大量遗嘱的法律效力都可能有疑问。而撤销权被滥用的危险也可预期。此外，还可由第2253条以下的规定佐证。如果被继承人不愿再坚持先前的处分，则必须以特定之形式撤回。仅仅遗忘或者转念，尚不满足其要件。

## 四、结　论

1927年11月28日的遗嘱仍然有效。纽伦堡市可以依第2018条向不法占有的亲属请求遗产。在1960年时，该请求权尚未过时效。依第2026条亲属也不能主张时效取得。

---

[1] BGHZ 42, 327, 332.

# 案例八　遗产请求权

## 关键词

继承契约　撤销　当然想法　替代　基于特留份请求权的留置权　费用　用益

## 案件事实

鳏夫 W 与其女友 F 已同居多年。由于 F 没有什么值钱的财产，为了保障她的将来，W 通过亲笔遗嘱将她立为唯一继承人。他有意排除了他的儿子 S（他与去世的妻子所生），因为当时他们闹得很僵。

几年后，W 与 S 的关系缓和。反而与 F 陷入危机。W 与 S 订立了继承契约，将 S 立为唯一继承人。他还把自己的一栋房子交给 S 一家使用。

很快，父子又反目成仇。不久，W 因一次交通事故而去世。在不知道先前遗嘱存在的情况下，S 凭借继承证书被登记为地产所有人并取得了 W 的存款 30000 元。S 用这些钱买了一辆几乎全新的汽车。按照他妻子的意愿，他又对该车做了改装并换漆，共花费5000元。

然后，F找到了W的遗嘱。她诉请遗产法庭撤销继承契约（撤销的表意已经公证），向S请求返还汽车和地产，并请求S同意更正土地登记簿。此外，S还须补偿地产（1500元）及汽车（500元）的使用利益，这以同类物的市场租金为准。S则辩称，自己才是继承人。如果他一定要返还遗产及用益，则F也必须支付其特留份并补偿汽车改装及换漆的费用。

**问题：**

法律状况如何？

**原始判例：**

RG 8.2.1913-Rep. IV 527/12, RGZ 81, 293;

BayObLG 30.10.1989-Breg. 1a Z 19/88, NJW-RR 1990, 200;

BGH 28.10.1992-IV ZR 221/91, BGHZ 120, 96.

## 解答

### 一、汽车的法律状况

#### （一）返还请求权

##### 1. 第2018条

F请求S返还汽车，其基础可以是民法典第2018条。依该规定，继承人可向没有继承权的遗产取得人请求返还其所得。[1] 这一遗产请求权是一概括性请求权。可以平行于债法及物权法上的个别请求权主张。而且，既可以请求返还遗产之全部也可以请求其中的个别特定物。这一特别制度的目的首在保护继承人。后者应该尽可能以最简单的方式取得遗产，而不需要一一充分个别请求权的各种要件。[2]F 的请求权成立的前提是，她是 W 的继承人，且 S 不法占有作为遗产内容的汽车。

（1）F 的继承人地位

F 的继承人地位或可来自 W 的遗嘱，后者依第 1937 条将其立为唯一继承人。该遗嘱必须仍然有效。W 亲笔书写了遗嘱并签名，因此符合第 2247 条的形式要求。此外，遗嘱可能由于背于善良风俗而无效，因为 W 有意排除了他的独子 S。只是，仅仅排除近亲属的继承权尚不构成背俗。立法者所建立的特留份制度本来就默许了排除的可能性。[3] 除非被继承人旨在达成不正当的目的。[4] 本案中，W 只想保障其同居伴侣。所以，遗嘱并不违背善良风俗。

（a）通过继承契约撤回遗嘱

依第 1941 条及第 2274 条以下，继承契约是一种有利于契约相对人或第三人的死因处分。其中也可包含部分单边规定（比较第 2278 条及第 2299 条）。与遗嘱可以随意撤回不同，继承契约可以构成对被继承人遗嘱自由的限制。先前处分如果对契约中的受益人权

---

[1] *Medicus/Petersen*, Rn. 603a ff.; *Richter*, JuS 2008, 97 ff.; *Prüttung*, JuS 2015, 205 ff.

[2] Mot. V, 576 f.

[3] BVerfG NJW 2001, 141, 142; BGHZ 52, 18, 20; BGHZ 111, 36, 37 ff.; Soergel/*Stein*, § 1937 Rn. 25.

[4] BayObLG FamRZ 1995, 249; *Leipold*, Rn. 245 f.

益有所妨害，该处分不再有效。[1] 本案中，先前遗嘱立 F 为唯一继承人。嗣后的继承契约又立 S 为唯一继承人。两者内容上相冲突。依第 2289 条第 1 款第 1 句，在继承契约有效时，遗嘱失效。

（b）遗嘱的有效性

W 与 S 遵循了第 2276 条第 1 款第 1 句关于继承契约的形式规定，即公证人在双方面前完成契约内容。

（c）继承契约的撤销

不过，如果继承契约被 F 有效撤销，则依第 142 条第 1 款自始无效。由于继承契约限制了被继承人的遗嘱自由（第 2289 条第 1 款第 2 句），因而允许其在特定条件下撤销之（比较第 2281 条）。被继承人死后，则可能依第 2080 条第 1 款由直接利害关系人撤销。本案中即 F，因为继承契约无效时，她可依先前遗嘱成为单独继承人。

其次，必须存在撤销原因。可能的是第 2078 条第 1 款的内容或表示错误，两者都要求在表意时有意思与表示不一致。[2] 本案中，W 在订立继承契约时即欲立 S 为继承人，意思与表示并无二致。

还可能的是第 2078 条的动机错误。不同于第 119 条第 2 款的一般规则，在死因处分中，并无法安定性及信赖保护等要求。[3] 而继承契约虽是双边行为，但其拘束力并不完全。[4] 在 W 错误认为或期

[1] *Röthel*, JURA 2014, 781 ff.

[2] Palandt/*Weidlich*, § 2078 Rn. 3 f.; *Brox/Walker*, Rn. 230.

[3] Soergel/*Loritz*, § 2078 Rn. 1; *Lange/Kuchinke*, § 36 I 1b; *Brox/Walker*, Rn. 230.

[4] MüKoBGB/*Leipold*, § 2078 Rn. 9.

待将来某些情事出现或不出现而订立继承契约时，F 可以依第 2078 条第 2 款撤销之。按其文义，W 必须就特定情事有积极的想法（“认定或期待”）。W 显然是因为与 S 和解后才订立契约。至于将来与 S 的关系如何，他其实并未考虑，或者因为他觉得父子之间当然不会再有什么问题了。如此，则缺乏所谓积极的想法。[1] 第 2078 条第 2 款意义上的“动机”错误似不存在。

但是，判例及学说一致认为，该条文义过窄，而应作一定修正。在没有积极想法时，也可能鉴于某些情事而有撤销权。否则，利害关系人的权益会被过度侵蚀，因为被继承人在立遗嘱时往往将许多情事视为当然，并不会真正深思熟虑。[2] 至于扩张解释的程度或者是否可以类推的问题，争议仍然很大。

帝国法院过去的处理比较摇摆。起初认为没有积极认知[3] 也可成立撤销权；[4] 后来又严格遵守第 2078 条第 2 款的文义；[5] 最终则放弃了这一标准。[6] 联邦法院一开始认为，在被继承人认为当然不会发生的事情后来发生时，可以撤销；[7] 然后进一步扩张解释，以“不经意的想法”为足。[8][9] 只是这个说法自相矛盾，因此现在其使用了“当然想法”的措辞，即当事人虽没有具体的认识，但可以非常

---

[1] 译者注：所谓积极，似乎可以理解为明确希望到达某一目的的态度。

[2] Staudinger/*Otte*, § 2078 Rn. 18; MüKoBGB/*Leipold*, § 2078 Rn. 27.

[3] 译者注：即未明确预设某种情事存在。

[4] RGZ 50, 238, 240.

[5] RGZ 77, 165, 174; RGZ 86, 206, 209 f.

[6] RG Warn 1931 Nr. 50.

[7] BGH LM § 2078 Nr. 3.

[8] 译者注：即没有认真考虑过某一情事会发生变化。

[9] BGH LM § 2078 Nr. 4, 8; BGH FamRZ 1971, 638, 640.

容易地想到。[1][2] 本案中，W 并未明白考虑将来与 S 关系可能恶化的问题。可是，他也以父子和睦为死因处分的当然前提。也正因为这一点的不言自明，他在订立继承契约时才没有进一步明确之。由此，按照判例的标准，“当然想法”在本案中存在，所以第 2078 条第 2 款的撤销原因存在。

理论中多数说作了更宽泛的理解，认为只要某一情事具有重要性而被继承人没有考虑到，即可类推动机错误的规则。[3] 就方法论而言，这一类推比扩张解释成“当然想法”更加可靠。本案中，W 与 S 再次闹翻后，彼此的信赖彻底不复存在。这一点，W 并未想到。依类推适用方式，同样有第 2078 条第 2 款之动机错误的法律效果。

如果 W 知道与 S 的关系只是暂时缓和，则不会与之订立继承契约。因此，动机错误与表意之间存在因果关系。F 的撤销也合乎法定形式（第 2282 条第 3 款），并向正确的相对人（即遗产法庭）作出（第 2081 条第 1 款）。[4] 由此，继承契约视为自始无效（第 142 条第 1 款）。第 2289 条第 1 款第 1 句的要件并未充分，W 先前的遗嘱仍然有效，F 是其唯一继承人。

（2）S 作为遗产占有人

第 2018 条的返还请求权成立的另一个构成要件为 S 是汽车的占有人。后者指并无继承权但从遗产中有所取得者。如此，遗产占有

[1] 译者注：即认为某一情事当然会发生或继续存在。

[2] BGH NJW-RR 1987, 1412, 1413; BayObLG FamRZ 1998, 1625, 1626 f.; KG NJW 2001, 903, 906; *Kipp/Coing*, § 24 II 2b; MüKoBGB/*Leipold*, § 2078 Rn. 28.

[3] *Lange/Kuchinke*, § 36 I 1b; *Brox/Walker*, Rn. 230; *Leipold*, Rn. 426; Staudinger/*Otte*, § 2078 Rn. 21 ff.; *Sieker*, AcP 201 (2001), 697, 701 f.

[4] 比较：Palandt/*Weidlich*, § 2078 Rn. 3; *Kipp/Coing*, § 24 V 1a.

人必须客观上自遗产有所得，而主观上又以为自己有继承权。[1]

（a）有所取得

任何财产上之利益均可成为第 2018 条意义上的取得对象。[2] 本案中，S 虽然因取得汽车的直接占有而受有利益，可是并非来自遗产，而是第三人的财产。不过，汽车可以作为物上代位而依第 2019 条第 1 款被拟制为遗产内容。[3] 依后者，占有人以遗产内容（如遗产中的存款）依法律行为取得特定物后，该物直接归入遗产，占有人自己则没有中间取得的可能，[4] 其主观意愿也在所不问。[5] 其立法目的在于确保遗产的价值，并使继承人不因遗产内容的变化而受损。[6]

本案中，S 以法律行为从第三人处取得汽车。作为其对待给付的价金本来属于银行。遗产之内容其实是对银行的存款债权。不过，可能的是，银行支付的价金是存款债权的代位物，而汽车又是价金的代位物。这构成多重代位（所谓代位链条）。[7] 前提是，价金确实符合第 2019 条的要件。后者文义指“以遗产之资”作为对待给付所易得之物，[8] 而 S 取得价金则是来自对银行的债权主张（即并非遗产中的资金交换所得）。通说认为，只要代位物是基于属于遗

---

[1] Soergel/*Dieckmann*, § 2018 Rn. 5; *Schlüter/Röthel*, § 29 Rn. 9 f.

[2] MüKoBGB/*Helms*, § 2018 Rn. 22; *Schlüter/Röthel*, § 29 Rn. 12 ff.

[3] *Medicus/Petersen*, Rn. 603a ff.; *Coester-Waltjen*, Jura 1996, 24 ff.

[4] Staudinger/*Gursky*, § 2019 Rn. 4; *Leipold*, Rn. 640.

[5] 译者注：占有人本来可以通过与第三人的处分行为取得该物。此时，虽然购买该物的价金来自遗产，但是买卖行为与物权变动的效力都不受影响。第 2019 条的特别规则却排除了这一通例。

[6] *Lange/Kuchinke*, § 41 III 1; *Brox/Walker*, Rn. 600.

[7] Staudinger/*Gursky*, § 2019 Rn. 7.

[8] MüKoBGB/*Helms*, § 2019 Rn. 2.

产的权利所得即可。[1] 这是对第 2019 条的当然解释（argumentum a maiore ad minus. 举重以明轻），既然由遗产之资所易得者可以是代位物，那么由本来即是遗产内容的权利所得者（权利内容之实现，典型者即债权）当然更加可以是代位物。[2] 而且，类推第 718 条第 2 款、第 1418 条第 2 款第 3 项、第 1473 条第 1 款、第 1638 条第 2 款、第 2041 条及第 2111 条的普遍规则，也可得出相同结果。[3] 作为存款债权实现内容的现金，作为前者的代位物被视为遗产的内容。因此，可以认定 S 是由遗产之资取得了汽车，后者则依第 2019 条第 1 款被视为第 2018 条意义上的由遗产之所得。

（b）S 的不法继承权

第 2018 条所谓的遗产占有人必须没有实际继承权，从文义来看，须以不存在的继承权取得其占有。不过，从保护继承人的角度来说，占有人在取得占有后才主张有继承权也可成立该请求权。[4] 本案中，S 最晚在 F 请求时以继承权作为抗辩，即便其最后放弃作为继承人的主张，也不再影响其遗产占有人地位。因为不能仅仅因为其意思的转变，而使其免于返还遗产、代位物或者用益。[5] 所以，S 可以被认为是第 2018 条的遗产占有人。

（3）第 273 条第 1 款的留置权

对应 F 的请求权，S 可能有依第 273 条第 1 款的留置权。首要

---

[1] MüKoBGB/*Helms*, § 2019 Rn. 4; *Lange/Kuchinke*, § 41 II 2 b.

[2] *Wolf*, JuS 1975, 710, 713.

[3] MüKoBGB/*Helms*, § 2018 Rn. 4; Staudinger/*Gursky*, § 2019 Rn. 20.

[4] BGH NJW 1985, 3068, 3069; MüKoBGB/*Helms*, § 2019 Rn. 4; *Lange/Kuchinke*, § 40 II 3; *Brox/Walker*, Rn. 575.

[5] BGH FamRZ 1985, 693, 694; *Schlüter/Röthel*, § 29 Rn. 9 ff.

的前提是，S 对 F 有请求权。可能的是，依第 2303 条第 1 款第 1 句的特留份请求权。W 以遗嘱立 F 为唯一继承人后，即将其法定继承人 S（第 1924 条）排除。由此，S 有依第 2303 条第 1 款就其法定继承份额的一半的特留份请求权。后者依第 2317 条第 1 款于继承开始时成立，并依第 271 条第 1 款于成立时即到期。两造的请求权均基于对 W 的继承，因而属于同一法律关系。不过，留置权可能由于该法律关系的特别情事而不成立。遗产返还请求权的目的在于使继承人可以确定遗产的范围并管理之。只有在他取得遗产后才可能确定特留份的额度并履行之。[1] 因此，鉴于该请求权的特性，不能以特留份请求权留置遗产。

但是，如果遗产清算不会受到留置权行使的影响，则不应将之排除。[2] 遗产中，除地产外，汽车构成较大的价值而对特留份的计算有很大意义。不过，对其估价并不必要使 F 取得直接占有。只是，由于 F 没有别的值钱的财产，她可能要变卖汽车才能履行特留份债务。S 的留置则会妨碍到其变价行为。[3] 所以，S 不可以依第 273 条第 1 款拒绝返还汽车。

（4）依第 2022 条及第 1000 条第 1 句

S 还可能有依第 2022 条及第 1000 条第 1 句的留置权。此

[1] RG Warn 1913 Nr. 233；BGHZ 92，194，198；BGHZ 120，96，102 f.；Palandt/*Grüneberg*，§ 273 Rn. 16；MüKoBGB/*Helms*，§ 2019 Rn. 27.

[2] MüKoBGB/*Helms*，§ 2018 Rn. 27；Staudinger/*Gursky*，§ 2018 Rn. 37.

[3] F 可依第 929 条第 1 句及第 931 条出让汽车（指示交付）。可是取得人仍然因第 986 条第 2 款及第 404 条困于基于特留份的留置权。判例中尚认为债权性留置权可以作为第 986 条第 1 款的占有权（BGHZ 64，122，124；BGH NJW 1995，2627，2628；2004，3484，3485）。

时，善意且未被起诉的遗产占有人仅在受偿所有费用支出后才需返还其物。相对于第 985 条物权请求权中的占有人而言，遗产占有人的地位较为优越。因为前者只在有益及必要费用（第 994 条及第 996 条）支出时才有返还请求权。这是由于遗产占有人依第 2020 条需返还所有的收益，而在一般所有人占有人关系中（即第 985 条以下），占有人依第 993 条第 1 款，只需返还过度收益。[1]

S 的费用偿还请求权以确实支出第 2022 条第 1 款意义上的费用为必要。费用指遗产占有人就遗产中的个别物或整体遗产所花费的自己财产。至于是必要费用、有益费用、多余费用，抑或纯粹增值性花费，则非重点。[2] 本案中，对汽车的改装及换漆的 5000 元是 S 从自己原有财产中的支出。这一费用对汽车价值有所增益。因此，该 5000 元是第 2022 条第 1 款的费用。

S 还必须在支出费用时就其继承权为善意且未被起诉。否则，便依第 2023 条第 2 款及第 2024 条，适用所有人占有人关系在诉讼系属后的规则。准用第 932 条第 2 款，占有人在取得遗产占有时知道或因重大过失不知道自己没有继承权时，则为恶意。依第 2024 条第 2 句，占有取得之后才知道自己无权，也构成恶意。本案中，这

[1] Soergel/*Dieckmann*, § 2022 Rn. 2.

译者注：在所有人占有人关系（Eigentümer-Besitzer-Verhältnis）中，一组对应的利益关系即所有人的收益返还请求权和占有人的费用支出返还请求权。占有人在返还其就占有物收取的用益时，同时有对占有物的费用支出请求权。这两个请求权的各自构成（在占有人为善意或恶意时返还的范围各有不同）及彼此牵连，是所有人占有人关系的难点之一。

[2] *Lange/Kuchinke*, § 40 IV 5; *Brox/Walker*, Rn. 585.

两种情况都不存在。即便认为，在与 W 再次反目之后，S 应该知道继承契约可能被撤销，进而依第 142 条第 2 款被视为知道继承契约的可能无效。但是，S 无论如何不知道他的法定继承权也会被 W 排除。费用支出时，F 的遗产请求权也尚未诉讼系属。因此，S 是善意且未被起诉的遗产占有人。

依第 2022 条第 1 款第 1 句句尾，如果费用可以依第 2021 条与基于占有的得利相抵扣，则费用偿还请求权在抵消范围内消灭。此时，S 必须依第 2021 条及第 2020 条就汽车及房产的使用返还其用益。下文将审查是否有该请求权。如果有，则费用偿还请求权相应减少。第 2022 条第 1 款第 2 句及第 1000 条第 1 句的留置权也仅在减少后的额度范围内存在。留置权的法律效果则类推适用第 274 条，即两个相对请求权需同时履行之（彼此构成抗辩）。

### 2. 第 985 条

F 也可能有第 985 条物权请求权而向 S 请求返还汽车。除了第 2018 条的概括请求权，继承人也可主张其他一般个别请求权。[1] 第 985 条有其适用。不过，依第 2029 条遗产继承人的其他责任也以遗产返还请求权规则定之。这一规定的目的在于使遗产占有人得以保有第 2018 条以下的优越地位。尤其是依第 2022 条在善意且未被起诉时的费用偿还可能。[2]

本案中，就物权请求权的构成而言：首先，F 是汽车所有人。

---

[1] Staudinger/*Gursky*, Vorbem. zu § 2018 ff. Rn. 3; MüKoBGB/*Helms*, § 2018 Rn. 2; *Schlüter/Röthel*, § 29 Rn. 37.

[2] MüKoBGB/*Helms*, § 2018 Rn. 1. 另一方面而言，遗产占有人也依第 2019 条受有不利益。因为，第 2018 条以下规则并非都是完全偏向遗产占有人的。

她依第 2019 条以物上代位的法定方式取得所有权，其间 S 虽然以法律行为方式获得该物，但并无中间取得。其次，S 是汽车的现实直接占有人。[1] 依第 2029 条、第 2022 条及第 1000 条第 1 句，他可以留置权（即抗辩）方式主张其费用偿还请求权。留置权是否构成第 986 条第 1 款第 1 句的占有权尚有争议（性质上来说，只是一种抗辩罢了）。[2] 只是这个争议在本案中并无意义。因为，留置权即便不能作为占有权以排除物权请求权，至少构成同时履行抗辩（Zug um Zug）。结果上来说，F 的物权请求权（第 985 条）也只能在返还 S 依第 2022 条第 1 款第 1 句费用支出的同时才能实现。

#### 3. 第 861 条、第 1007 条及第 812 条第 1 款第 1 句第 2 选项

第 861 条、第 1007 条及第 812 条第 1 款第 1 句第 2 选项的各个占有保护性请求权共同的要件是，F 本来是占有人。这一点可能依第 857 条的拟制而成立。但是，在继承开始时，W 作为被继承人并非汽车的占有人，所以也没有依第 857 条的占有拟制移转。因此这些占有保护性请求权都不存在。

### （二）用益返还请求权

#### 1. 第 2020 条第 1 半句、第 2021 条及第 818 条第 2 款

返还请求权以外，就汽车使用的 500 元，F 还可能有第 2020 条第 1 半句、第 2021 条及第 818 条第 2 款的收益返还请求权。依第

---

[1] 物权请求权同样可指向间接占有人（比较：Palandt/*Herrler*，§ 985 Rn. 9）。问题仅在于，所有人是否可直接向间接占有人请求权直接占有之取得（*Habersack*，Rn. 75，95）。

[2] 历来判例同意此说：BGH JZ 1996，151，153 m. Anm. *Medicus*；反对观点参见：Palandt/*Herrler*，§ 985 Rn. 5；Staudinger/*Gursky*，§ 986 Rn. 28 m. w. N.

100 条，收益是使用有体物所取得的利益（好处）。汽车的使用构成用益。不过，该收益不能回复原状。原则上，S 应依第 2021 条及第 818 条第 2 款偿还其价值，这以同类汽车的通常租赁价格为准。但是，S 就汽车所支出的费用需依第 2022 条第 1 款第 1 句抵扣。因为该条是一个结算规则。[1]500 元的用益与 5000 元的费用相抵后，F 的请求权消灭。

#### 2. 所有人占有人关系中的请求权

所有物返还关系中的请求权也不存在。依第 2029 条善意且未被起诉的遗产占有人仅按第 2020 条承担责任。此时，虽然遗产占有人不能依第 993 条在善意且未被起诉时免于返还用益（立法者通过第 2029 条将遗产返还关系锁定为一个特别关系，使一般所有物返还关系的诸多效果不得发生）。不过，如前所述，本案中继承人作为所有人的用益返还无论如何都被对方的费用支出返还所抵扣。[2]

## 二、地产的法律状况

### （一）返还请求权

#### 1. 第 2018 条

与汽车相同，F 也可依第 2018 条向 S 请求返还地产的占有。前提是 F 是 W 的继承人，且 S 作为遗产占有人声称自己是继承人。

（a）S 作为遗产占有人

如前所述，F 基于有效的遗嘱是 W 的唯一继承人。问题在于，

---

[1] Soergel/*Dieckmann*, § 2018 Rn. 5.

[2] Soergel/*Dieckmann*, § 2018 Rn. 1.

S是否可被认定为遗产占有人。虽然该地产属于遗产。可是S早在继承开始前即由与W的无偿借用契约（第598条）取得了占有，而非通过不法的继承权。依通说，鉴于第2018条的立法目的，只要占有人以不法继承权为由拒绝交出遗产，即被视为第2018条的继承占有人。是否在继承开始前就已取得占有，则非所问。本案中，虽然S事先直接自W处取得占有，但目前他以不法继承权作为抗辩。因此，仍然是遗产占有人。

（b）S的占有权

如果S有其他权利占有地产，则可拒绝返还。遗产占有人可针对返还请求权主张所有的个别抗辩及抗辩权，如基于与被继承人所订立之契约中所产生的占有权。[1]本案中即W与S之间的借用契约。依第1922条及第1967条第1款，F作为继承人仍受该契约的拘束。只是，该契约未定期限（解释契约目的也无法获知），F可以行使第604条第3款的返还请求权并结束契约。在她向S请求移转地产占有的请求中，已经默示了该表意。如此，S不再有占有权。他不可以借用契约拒绝返还。

（c）S的留置权

如前所述，S不可以特留份请求权为第273条的留置权。可能的是第2022条第1款及第1000条第1句的留置权。费用不必是为需返还的物所支出，只要关乎遗产即可。[2]这点由第2022条的文义可以推知。后者并不要求关联遗产中特定的物，而泛指“属于遗产

[1] MüKoBGB/*Helms*, § 2018 Rn. 26 f.; Soergel/*Dieckmann*, § 2018 Rn. 13; Staudinger/*Gursky*, § 2018 Rn. 36.

[2] Palandt/*Weidlich*, § 2022 Rn. 4; *Schlüter/Röthel*, § 29 Rn. 31 f.

之物”。由此，类推适用第 274 条的法律效果，F 依第 2018 条对 S 的地产返还请求权仅在同时履行第 2022 条第 1 款第 1 句对 S 的费用偿还义务时方可实现。

#### 2. 第 604 条第 3 款

F 也可依第 604 条第 3 款请求 S 返还地产。只是，就该权利，S 同样有依第 2022 条第 1 款及第 1000 条第 1 句之请求权的留置权。

#### 3. 第 985 条

同样情况适用于一般所有物返还请求权。依第 1922 条的概括继受原则，原所有人 W 的权利移转于 F。后者可向现在直接占有人 S 主张之。

### （二）请求同意变更土地登记簿之权利

#### 1. 第 2018 条

F 可依第 2018 条向 S 请求同意更正土地登记簿。[1] 首先，F 确定是 W 的唯一继承人。其次，S 在土地登记簿中的名义地位必须来自遗产。第 2018 条的返还请求权包含所有可能，不限于占有，遗产占有人所取得的登记名义也在其列。[2] 如此，S 须向 F 返还该登记名义，即同意更正土地登记簿之错误内容。这一请求权同样须与 S 基于第 2022 条第 1 款及第 1000 条第 1 句的费用偿还请求权同时履行。

---

[1] 译者注：依土地登记簿条例第 19 条，登记内容之更改必须经利害关系人同意，在变更所有人时，则原所有人当然为最重要的利害关系人。因此，请求权的内容都是“同意”，也即只能请求同意变更，而不能直接变更登记内容。

[2] Staudinger/*Gursky*, § 2018 Rn. 31; Soergel/*Dieckmann*, § 2018 Rn. 12.

### 2. 第 894 条及第 812 条第 1 款第 1 句第 2 选项

在 S 被登记为所有人后，土地登记簿内容有误，且该错误不利于 F。因此，有第 894 条的同意更正请求权。此外，S 取得该登记名义并无法律上之原因，且其取得有损于实际权利人 F。因此，F 有依第 812 条第 1 款第 1 句第 2 选项的非给付不当得利返还请求权。针对这两个请求权，S 同样有第 2029 条、第 2022 条及第 1000 条第 1 句基于费用偿还的留置权。

### （三）第 2020 条第 1 分句、第 2021 条及第 818 条第 2 款的收益补偿请求权

最后，F 对 S 可能有依第 2020 条第 1 分句、第 2021 条及第 818 条第 2 款就房产的使用有用益返还请求权。S 一家住在该房产中，依第 100 条取得用益。不过，直到借用契约结束时这一使用有正当基础。其间，由于该契约的存在，第 2018 条的返还义务也不成立。

## 三、结　论

F 在同时履行对 S 的换漆改装费用（4500 元）偿还义务的情况下可以请求 S 返还汽车。F 本来也可请求 S 返还使用汽车的收益 500 元，不过此与 S 的请求权相抵扣后消灭。

同样，在同时履行时，F 可以请求返还地产，并请求同意更正土地登记簿内容。

# 案例九　亲笔遗嘱的撤回

## 关键词

遗嘱解释　继承与遗赠的差别　亲笔遗嘱的撤回

## 案件事实

已经过世的牙医 Z 曾于 1943 年 8 月 30 日亲笔立下遗嘱，将其妻子 A 立为唯一继承人。这份遗嘱于 1944 年的战时撤离中丢失。1945 年 12 月 6 日，Z 又亲笔立下另一份遗嘱，将其门诊女助理 B 立为继承人。其中写道："在我去世后，B 女士作为继承人取得 X 地的房产 H–Str.12（包括其花园）。该地产可能产生的负担，在与房产 H–Str.10 的继承人（可能是 A）协商后，由我的人寿保险金及丧葬保险金中支付。但不可更改的是，地块 H–Str.12 连同其上建筑及花园必须属于 B 女士。"

Z 的财产主要由两块价值相当的土地 H–Str.10 及 H–Str.12 及人寿保险金 50000 元构成。H–Str.10 地块上没有负担；H–Str.12 地块上则负有一个第一顺位抵押权（额度为50000元）。

Z知道他1943年8月30日所立的遗嘱丢失了。他对A承诺，他将写一份同样内容的新遗嘱。不过，直到Z过世为止并未践行。

**问题：**

Z的继承情况如何？

**原始判例：**

BGH 10.5.1951-IV ZR 12/50, NJW 1951, 559.

## 解答

### 一、B的继承人地位

通过1945年12月6日的亲笔遗嘱，被继承人将其遗产中的个别物（即地产H-Str.12）给予了B。依第2087条第2款的解释规则，在有疑义时，不能认为被给予人即为继承人。更加可能的是遗赠（第1939条）。可是，如果解释死因处分后，可以推知被继承人的其他意愿时，不适用该解释规则。[1]仅仅在措辞中使用“继承”而非“遗赠”并不能当然认为就是前者的法律意义，因为非专业人士在使用这些概念时并不严格区分。[2]不过，考量死因处分的全部内容及其

[1] 译者注：所谓“解释规则”的最大特点即在解释的对象有歧义时法律推定一种解释结果。相反，如果解释没有特别疑义，也就没有必要再作推定。

[2] Palandt/*Weidlich*, § 2087 Rn. 2; Staudinger/*Otte*, § 2087 Rn. 18; *Lange/Kuchinke*, § 27 II 2.

他相关情事后，[1] 或可推知，虽然表面上给予特定之物，但是被继承人其实意在给予整体遗产中的特定份额（第 2087 条第 1 款）。[2] 尤其是被继承人并非只在使受益人获得债权性请求权，而使其直接取得遗产上的权利并负担遗产债务时。[3] 此时，遗嘱中提及个别财产的意义在于安排析产分配规则（第 2048 条），使特定继承人在析产时获得特定物的请求权。[4]

本案中，被继承人意在给予 B 遗产价值的一半。B 还需要与 H-Str.10 地块的继承人协商清偿负担在 H-Str.12 地块上的抵押权债务，即清理遗产债务。因此，Z 的遗嘱处分视为将 B 列为继承人，取得遗产的 1/2 份额。[5]

## 二、A 的继承人地位

1945 年 6 月 12 日的遗嘱中并未提及 A。从其内容来看，Z 有意在另一项死因处分中给予 A 另外一半的遗产。由于 1945 年 12 月 6 日的遗嘱只列了 B 为继承人并只对遗产的一半作了安排，则剩余部分的遗产依第 2088 条第 1 款适用法定继承的规则。不过，如果被继承人以其他有效遗嘱对该剩余部分有所安排时，则第 2088 条第 1 款

---

[1] BGH ZEV 2015, 343, 345; OLG München ZEV 2016, 667; Palandt/*Weidlich*, § 2084 Rn. 2; MüKoBGB/*Leipold*, § 2084 Rn. 28 ff.

[2] BGH FamRZ 1997, 349, 350 = LM 2087 Nr. 3 m. Anm. *Leipold*; OLG München NJW-RR 2007, 1162, 1163; OLG Koblenz FamRZ 2016, 1487 ff.

[3] BayObLG FamRZ 1986, 604, 605 u. 728, 731; Palandt/*Weidlich*, § 2087 Rn. 4; MüKoBGB/*Rudy*, § 2087 Rn. 8.

[4] 译者注：该请求权指共同共有关系结束时共有人分配共同财产的内部分配请求权，而非受遗赠人的请求权，必须明辨。

[5] Staudinger/*Otte*, § 2087 Rn. 24; *Lange*/*Kuchinke*, § 27 II 3; *Brox*/*Walker*, Rn. 322.

不再适用。本案中需考虑的是 1943 年 8 月 30 日将 A 立为唯一继承人的遗嘱。只是这一死因处分的有效性有待讨论。

## （一）因遗嘱文书丢失而撤回

依判例及理论中的通说，处分之效力不因遗嘱文书灭失而失效。[1] 这一点由第 2255 条第 1 句亦可得知：继承文书的灭失仅在**被继承人特意为之**时，才视为默示的遗嘱撤回。[2] 依第 2255 条第 2 句，被继承人销毁遗嘱时，推定有撤回的意思。但是，仅仅无法找到遗嘱文书，并不能直接推定为撤回。[3]

即便所载文书不存在后，死因处分也可继续有效。只是在文书灭失后证明较为困难。如果提高证明标准（如提供副本或者证人及专家证言），则可掌控其结果。[4]

## （二）因不作为而撤回

从 1945 年 12 月 6 日遗嘱的文义来看，Z 可能认为，1943 年 8

---

[1] BGH JZ 1951, 591, 592; OLG Karlsruhe ZErb 2016, 18 ff.; Palandt/*Weidlich*, § 2255 Rn. 9; Staudinger/*Baumann*, § 2255 Rn. 21 m. w. N.

[2] MüKoBGB/*Hagena*, § 2255 Rn. 4; *Lange/Kuschinke*, § 23 II 2c. 在被继承人生前由其受任人销毁文书者，同等视之。参见：MüKoBGB/*Hagena*, § 2255 Rn. 13; *Lange/Kuschinke*, § 23 II 2c; *Brox/Walker*, Rn. 140.

[3] OLG Düsseldorf NJW-RR 1994, 142; LG Duisburg NJW-RR 2005, 884, 885; MüKoBGB/*Hagena*, § 2255 Rn. 16; Staudinger/*Baumann*, § 2255 Rn. 27; *Lange/Kuschinke*, § 23 II 2a. 如果文书直到最后仍在被继承人手中，则可认定为表面证据而减轻证明负担，比较：BayObLGZ 1983, 204, 208.

[4] OLG Köln NJW-RR 1993, 970; OLG Düsseldorf NJW-RR 1994, 142; OLG München NJW-RR 2009, 305; Palandt/*Weidlich*, § 2255 Rn. 9; Staudinger/*Baumann*, § 2255 Rn. 31; Soergel/*Mayer*, § 2255 Rn. 15.

月 30 日的遗嘱因灭失而失其效力。[1] 不过，就此认知而言，也不构成撤回遗嘱。以沉默方式接受遗嘱灭失的态度并不满足遗嘱撤回的形式要件（第 2253 条至第 2258 条）。[2] 可能的是第 2255 条以默示行为撤回。不过，其要求一个具体销毁或修改遗嘱文书的行为（由被继承人之意思所主导），或由被继承人自己，或由其受任人。仅仅默然接受遗失，则不构成。否则立法者所要求的法定要式性就被完全破坏了。“撤回的意思可能过于仓促而不周，因而需以必要之行为显现其成熟的考虑。”[3]

### （三）以后遗嘱撤回前遗嘱

还要考虑的是，1943 年 8 月 30 日的遗嘱是否因嗣后于 1945 年 12 月 6 日的临终处分而无效。

#### 1. 1945 年 12 月 6 日的遗嘱作为撤回性遗嘱

依第 2254 条，遗嘱可能通过撤回遗嘱方式失效。撤回并不需要明确表达。被继承人的意思可以通过解释得知，只要其撤回目的在

---

[1] 此时可能有第 2078 条第 2 款的撤销原因。只是，第二份遗嘱立 B 为继承人与错误认为第一份遗嘱因灭失而失效之间并无因果关系。所以，第 2078 条第 2 款的撤销权不存在。按理论中的部分观点（Staudinger/*Baumann*, § 2255 Rn. 22; BeckOK/*Litzenburger*, § 2255 Rn. 8），如果被继承人错误地认为默认遗嘱灭失行为构成错误认知，则应类推适用第 2078 条。此说不妥。因为此时并无立法者计划外的漏洞，类推的构成要件不充分。比较：Reimann/Bengel/Mayer/*Voit*, § 2255 Rn. 15.

[2] BGH JZ 1951, 591, 592; BGH NJW-RR 1990, 515, 516; Staudinger/*Baumann*, § 2255 Rn. 21; MüKoBGB/*Hagena*, § 2254 Rn. 5, § 2255 Rn. 4; *Lange/Kuchinke*, § 23 II 3c; *Brox/Walker*, Rn. 140.

[3] BGH JZ 1951, 591, 592; Staudinger/*Baumann*, § 2255 Rn. 23.

新的遗嘱中有确实的反映（必要时，也可考量相应的具体情事）。[1] 在1945年12月6日的遗嘱中没有明确表示撤回，也没有任何暗示。“可能继承人”的措辞虽然可能表明被继承人错误认为先前遗嘱因遗失而无效，由此需重新将A列入继承人。可是这恰恰说明Z不认为还要通过另一份遗嘱撤回已经无效的旧遗嘱。[2] 此外，“可能”的措辞也可以理解为，Z保留了撤回先前有效遗嘱的权利。依第2253条，被继承人本来就不受先前遗嘱拘束，可以随时撤回。不过，仍然无法确定解释出存在撤回的意图。

### 2. 因内容冲突而使遗嘱失效

依第2258条第1款，先前遗嘱在与嗣后遗嘱内容有所**冲突**时，该部分失效。1945年12月6日的遗嘱将B列为享有一半继承权的共同继承人，而1943年8月30日的遗嘱则将A列为唯一继承人。两者内容不合。只是先前处分并非完全失效，仅就B的继承权部分需作相应调整，其他部分则不受影响。因此，A依该先前遗嘱也享有一半继承权。

## 三、结 论

A与B作为共同继承人依遗嘱继承方式各取得一半遗产。在析产时，具体分割方式需参照被继承人关于两块土地及保险金的规定（第2048条）。A与B也可合意放弃该安排。[3]

---

[1] BGH NJW 1981, 2745; BayObLG FamRZ 1990, 1281, 1283; BayObLG NJW-RR 2005, 525, 526; Staudinger/*Baumann*, § 2254 Rn. 10, 12.

[2] BGH JZ 1951, 591.

[3] MüKoBGB/*Ann*, § 2048 Rn. 9.

# 案例十　撤回的撤回

## 关键词

取回官方保存的公证遗嘱　亲笔遗嘱的要式性　因意思瑕疵而撤销遗嘱

## 案件事实

寡妇 A 于 1968 年 9 月 13 日在公证人面前立下公证遗嘱（以打字机完成）。其中将她的女儿 T 列为唯一继承人。由于她的儿子 S 政治倾向极端，所以只能保有特留份。遗嘱由官方保存。几周后，A 决定最后再努力一次，将她的儿子引回正道。为了使自己的劝告更具效果，她想向儿子出示遗嘱原件以警告他会失去继承权。她前往法院请求交还文书。司法文员依法向她告知，取回遗嘱视为撤回。在遗嘱中，该员也附注道：“1968 年 11 月 5 日取回遗嘱，视为撤回。”并签字盖章。由此，A 取得其文书并前往与 S 见面。可是完全无法说服之。就在当天，A 用笔划掉了司法文员的附注，并亲手写道：

遗嘱仍然有效

柏林

A于1968年11月5日

A去世后，S与T即开始为遗产争吵。S声称，他可依法定继承取得财产的一半，因为1968年9月13日的遗嘱无效。同时他申请出具继承证书。T则写信给遗产法庭指出其母亲后来在遗嘱中亲笔添加的内容，并认为，毫无异议的是A坚持排除S继承，T自己才是唯一继承人，S只能请求特留份。

**问题：**

遗产法庭是否可以向S出具继承证书？

**原始判例：**

KG 12.12.1969-1 W 7361/69，NJW 1970，612；

BayObLG 13.2.1973-1 Z 108/72，BayObLGZ 1973，35；

BayObLG 6.7.1990-1a Z 30/90，NJW-RR 1990，1481.

## 解答

依亲属程序法第352e条第1款，遗产法庭（依法院组织法第23条第1款第1句第2项及第2款第2项第1选项，管辖为地方法院）在确认支持申请所必要之事实（比较亲属程序法第352条第1款）后，才可向S出具继承证书（第2353条第2选项）。有疑问的是，

S是否依第1924条第1款及第4款取得法定继承权，抑或已由于A的死因处分（第1937条）被有效排除在外。由此，需检查1968年9月13日的遗嘱是否因被继承人的亲笔附注而成为有效的死因处分。

## 一、从官方保管处取回遗嘱

1968年9月13日的公证遗嘱在形式上并无问题（比较第2232条及公证法第27条）。依第2256条第1款第1句，从官方保管处取回其遗嘱视为撤回。此时，被继承人是否有使遗嘱失效的意思，在所不问。依第2256条第2款，遗嘱必须交还被继承人本人，方才失效。被继承人只需有取回的意思即可，至于其取回的目的为何，则不重要。[1] 鉴于该法定效果，第2256条第1款第2句规定，在交还时应告知被继承人该行为的法律意义，并将之附注于文书之上。这两项行为还需记录留档。本案中，司法文员已尽到了相应义务。即便违反，也对法定效果没有影响。[2] 文书交还A后，该公证遗嘱即依第2256条第1款第1句失其效力。

## 二、撤回的撤回

接下来的问题是，被继承人在亲笔附注后，该遗嘱是否重新产

[1] KG NJW 1970，612；BayObLGZ 1973，35，36；*Kipp/Coing*，§ 31 II 33；*Lange/Kuchinke*，§ 23 II 3a m. w. N；*Merle*，AcP 171（1971），486，497 f. 遗嘱必须依亲属程序法第344条第1款及第346条已经在官方保管之中，取回才能发生撤回效果。比较：BGH NJW 1959，2113.

[2] KG NJW 1970，612，613. 有损害赔偿请求权。MüKoBGB/*Hagena*，§ 2256 Rn. 10；Staudinger/*Baumann*，§ 2256 Rn. 22.

生效力。显然，A希望之前取回遗嘱所发生的法律效果（即失效）不再继续，按其目的，附注具有撤回先前之撤回的意思。依第2257条，以遗嘱方式撤回死因处分，该撤回本身也可以撤回。通过后者，推定最初处分（即1968年9月13日的遗嘱）重新生效。就撤回之撤回的形式，适用第2254条至第2256条。[1]依第2254条，可以通过一个单纯的撤回性遗嘱来实现。本案中需要考虑的是，被继承人亲笔写成并签字的附注（符合第2247条的形式要件）是否可以使先前遗嘱重新生效。

第2257条的一个适用前提是，将要被撤回的撤回本身是**由遗嘱方式**作成的。而从官方保管中取回遗嘱是一个事实行为，依第2256条第1款的文义仅拟制为“撤回”而有后者的效果。[2]因此，通说认为此时不构成以“遗嘱”方式的撤回。因而该拟制的“撤回”也不能依第2257条再撤回。[3]

不过，判例中有认为这一看法过于武断。依第2256条，取回官方保存的遗嘱后即发生撤回死因处分的**效果**。[4]尽管法律效果由拟制产生，通说也认为第2229条关于遗嘱能力及第2078条以下因

---

[1] 比较：Staudinger/*Baumann*, § 2257 Rn. 5; Erman/*Kappler*, § 2257 Rn. 2.

[2] 比较：*Merle*, AcP 171（1971）, 486, 490 ff.

[3] KG NJW 1970, 612, 613; BayObLG NJW-RR 1990, 1481, 1482; *Merle*, AcP 171（1971）, 486, 506.

[4] BGHZ 23, 207, 211 m. w. N; Staudinger/*Baumann*, § 2256 Rn. 3. 相反观点：*Merle*, AcP 171（1971）, 486, 497; *v. Lübtow*, NJW 1968, 1849, 1851; *Riedel*, NJW 1970, 1278, 1279.

表意瑕疵而撤销的规则均有适用余地。[1] 按此逻辑，取回行为也可与第 2257 条的“以遗嘱方式撤回”等置，进而承认撤回先前撤回的可能。

然而，如此做法会在一定程度上违反第 2256 条第 1 款的立法目的。该规则的意义本来在于由不间断官方保管来确保公证遗嘱的可靠性。私下保存中可能出现的伪造风险则被完全排除。[2] 本案中，如果允许撤回取回遗嘱所导致的失效后果，则使以公证方式所立的遗嘱也可私下保存。尽管取回行为确实有表意瑕疵而撤销的可能，而且在经公证的遗嘱在尚未提交保存前，或者因违反第 2256 条第 2 款而以不当方式交还时，暂时私下保存的遗嘱不失其效果。[3] 但这些都是例外情事，不应该在违背立法精神的情况下随意扩张。否则，第 2256 条第 1 款的规则就失去了实际意义，并导致非手书遗嘱可以嗣后通过手写方式的随意更改，而其伪造（篡改）风险又无法用特定的保存方式加以防止。[4] 所以，仍应依照通说的结论，不承认公证遗嘱从官方保管取回后的撤回可能（即不能使遗嘱重新生效）。

---

[1] 遗嘱能力：BGHZ 23, 207, 211; BayObLG NJW-RR 2005, 957, 957; Staudinger/*Baumann*, § 2256 Rn. 12; Palandt/*Weidlich*, § 2256 Rn. 1; *Lange/Kuchinke*, § 23 II; *Merle*, AcP 171（1971）, 486, 499; *Otte*, JURA 2014, 549 ff.; *Fries*, AcP 216（2016）, 421, 427 ff. 撤销权：KG JFG 21, 323, 324; BayObLG NJW-RR 2005, 957, 958; Staudinger/*Baumann*, § 2256 Rn. 21 m. w. N; Soergel/*Mayer*, § 2256 Rn. 10; MüKoBGB/*Hagena*, § 2256 Rn. 11; Palandt/*Weidlich*, § 2256 Rn. 2; *Klungzinger*, DNotZ 1974, 278, 288. 相反观点：*Kipp/Coing*, § 31 II 3; *Lübtow*, NJW 1968, 1849, 1851; *Merle*, AcP 171（1971）, 486, 504; *Riedel*, NJW 1970, 1278, 1279.

[2] *Kipp/Coing*, § 31 II 3; *Merle*, AcP 171（1971）, 486, 498; *Riedel*, NJW 1970, 1278, 1279; BGH NJW 1959, 2113.

[3] BGH NJW 1959, 2113; *Merle*, AcP 171（1971）, 486, 506.

[4] BayObLGZ 1973, 35, 37; *Merle*, AcP 171（1971）, 486, 500.

## 三、附注作为新的死因处分

确定不能撤回后，需要考虑的是，A 亲笔所写并签名的附注是否构成一份有效的新遗嘱。第 2247 条就亲笔遗嘱所规定的形式要件已经满足。有疑问的是，附注从内容上是否构成一个独立的死因处分。附注的意义显然在于使因取回而失效的公证遗嘱重新生效。只有指引先前处分的具体内容时，该附注的内容才变得完整。死因处分的内容虽然不必绝对清楚，因为被继承人的遗愿也可以通过解释来补充或澄清，后者可顾及所有遗嘱中提及的相关周边情事。但是，适当解释与不当变更（即以不合乎形式的方式更改本来合乎形式的遗嘱内容）之间的边界其实比较模糊。[1] 被继承人依第 2254 条以遗嘱方式部分撤回官方保存遗嘱，而其手写更改（符合第 2247 条的要件）必须与原来的打印内容相联系才能产生意义时，联邦法院认为有效。[2] 柏林高等法院甚至认为，本案中的情况，即使手写附注内容仅笼统涉及已经因取回而失效的公证遗嘱时，也构成死因处分。[3]

可是，如果这一对第 2247 条的宽松解释成立，那么被继承人亲笔附注并签字的格式遗嘱，或者在打印好的内容上手写“我的遗愿”并在最后签字的文书，都符合法定形式要件。遗嘱内容不合于形式要求而附注却符合。如此，则立法者所要求的严格形式原则就会被破坏。其背后的立法目的，即确保被继承人临终决定的独立性，便

[1] BGHZ 94, 36, 42; BayObLGZ 1979, 215, 218.
[2] BGH NJW 1966, 201; BGH JR 1981, 23; *Schubert*, JR 1981, 24, 25.
[3] KG NJW 1970, 612, 613. 未置可否：BGH JR 1981, 23, 24.

难以实现。因为被继承人仅仅附注某个已经存在的文本，无法确保其确实明白地了解该文本的所有意义。而且，由于遗嘱并未一直由官方保管，其伪造或篡改的风险难以控制。

因此，只有在原来的遗嘱也是亲笔写成，或者官方保存的公证打印遗嘱没有任何被伪造或篡改的可能时，亲笔写成并签字的附注才符合第 2247 条的要求。[1] 不合形式的则是，已经取回的公证打印遗嘱依第 2256 条第 1 款第 1 句失效后，再做附注并签字。[2]

所以，本案中被继承人的亲笔附注及签字不能被转解释为一个新的、独立的有效遗嘱。

## 四、以撤销方式使撤回失效

最后需要澄清的是，是否可依第 2078 条以意思表示瑕疵为由撤销因取回官方保存遗嘱而产生的撤回效果。立法者以“拟制为撤回”的方式确定取回公证遗嘱的法律效果。判例及理论中的通说均认为，取回行为其实也是一个以法律行为方式的撤回。死因处分的规定，尤其是第 2078 条以下关于表意瑕疵的撤销规则均有适用余地。判例中认为，如果被继承人对取回行为作为撤回的法律意义认识错误，则可依第 2078 条第 1 款撤销取回行为。[3] 同样，在被继承人

---

[1] MüKoBGB/*Hagena*, § 2247 Rn. 20; Soergel/*Mayer*, § 2247 Rn. 33; *Schubert*, JR 1981, 24, 25; *Grundmann*, AcP 187 (1987), 429, 468; BayObLGZ 1973, 35, 39; BayObLGZ 1979, 215, 218; BayObLG NJW-RR 1990, 1481, 1482. 未置可否：BGH JR 1981, 23, 24.

[2] BayObLGZ 1973, 35, 39; BayObLG NJW-RR 1990, 1481, 1482; MüKoBGB/*Hagena*, § 2247 Rn. 20 m. w. N. 未置可否：BGH JR 1981, 23, 24.; *Grundmann*, AcP 187 (1987), 429, 469 f.; *Burkhart*, FS *v. Lübtow*, 1990, S. 253, 261.

[3] KG JFG 21, 323; Staudinger/*Baumann*, § 2256 Rn. 21; Erman/*Kappler*, § 2256 Rn. 3; Palandt/*Weidlich*, § 2256 Rn. 2; MüKoBGB/*Hagena*, § 2256 Rn. 11; Soergel/*Mayer*, § 2256 Rn. 10. 相反观点：*Kipp/Coing*, § 31 II 3; *Merle*, AcP 171 (1971), 486, 504; *Riedel*, NJW 1970, 1278, 1279.

错误判断情势，认为取回所产生的撤回效果可以随时再撤回时，则可依第 2078 条第 2 款撤销。[1] 本案中，A 在取回的当时并不认为遗嘱的效力会彻底丧失（她将视与 S 的谈判结果以最终决定是否执行该遗嘱），事实上后来她也确实希望通过附注以确保遗嘱重新有效。第 2078 条第 2 款的动机错误存在。依第 2080 条第 1 款，有撤销权的人是死因处分的直接利害关系人。本案中，撤销取回行为后，原本立 T 为唯一继承人的死因处分重新生效。如此，撤销权人应为 T。[2] 依第 2081 条第 1 款，行使撤销权需向遗产法庭表示，该表示无形式要求，不过须在知道撤销原因起一年内作出（第 2082 条）。依第 142 条第 1 款，撤销后，先前的撤回（取回）视为自始无效。

不过，从撤销的结果来看，最终会出现前述不许撤回取回行为的效果：打印的公证遗嘱会重新生效，尽管该文书已不再存放于没有篡改可能的可靠机关。而且，准用撤销规则会造成巨大的不安定性。只要利害关系人主张被继承人并不明白取回遗嘱的法律意义就可以排除第 2256 条第 1 款第 1 句所规定的法律效果。如此，一方面会与第 2256 条的立法目的相悖。后者拟制取回（事实行为）可以发生撤回（法律行为）的法律效果时，其实已经限缩了私法自治的空间。[3][4] 另一方面还会纵容对被继承人意愿的篡改。

---

[1] KG NJW 1970, 612, 614; BayObLG NJW-RR 1990, 1481, 1482.

[2] 比较：RG Recht 1919 Nr. 2136; BayObLG NJW-RR 1990, 1481, 1482; Staudinger/*Baumann*, § 2080 Rn. 11; Palandt/*Weidlich*, § 2080 Rn. 5.

[3] 译者注：遗嘱本来基于意思自治所立，也应仅可由意思自治撤回。拟制事实行为的撤回效果，即对意思自治作了适当限制。后者的正当性仍然在于，私下保存遗嘱的伪造风险无法有效控制。

[4] *Kipp/Coing*, § 31 II 3; *Merle*, AcP 171 (1971), 486, 505.

综上，从官方存放处取回公证遗嘱后，不能适用遗嘱表意撤销的规则（第 2078 条）。[1]1968 年 9 月 13 日的遗嘱依第 2256 条第 1 款因取回而被视为撤回，确定不生效力。A 去世后，适用法定继承。依第 1924 条第 1 款及第 4 款，S 与 T 为份额相等的共同继承人。遗产法庭应向 S 出具继承证书。

[1] *Kipp/Coing*, § 31 II 3; *v. Lübtow*, NJW 1968, 1849, 1851; *Merle*, AcP 171（1971）, 486, 504; *Riedel*, NJW 1970, 1278, 1279.

# 案例十一　共同遗嘱

## 关键词

共同处分的拘束力　共同处分的互相依赖性　剩余财产制中配偶的特留份

## 案件事实

基本案情

夫妇A与B没有子女。他们在1960年6月30日立下了共同遗嘱。A在纸上亲笔写下立其妻B为唯一继承人并签名。B则在另一张纸上亲笔写下立其夫A为唯一继承人并签名。然后他们彼此交换了遗嘱，并各自保存于自己的书桌抽屉中。

1962年2月1日，A在B不知情的情况下，又通过另一份亲笔遗嘱立其姐妹S为唯一继承人。不久，A去世。

## 问题：

1. A 死后如何继承？

2. 如果 B 不是继承人，她有哪些请求权？

## 案件事实

案情变化

假设前述案情的其他条件不变，只是 A 与 B 在 1960 年 6 月 30 日的遗嘱是由 A 亲笔——除了 B 自己的签名之外——写下如下内容：

我的遗愿：我的妻子为我的唯一继承人。1960 年 6 月 30 日于策勒，A。

我的遗愿：我的丈夫为我的唯一继承人。1960 年 6 月 30 日于策勒，B。

## 问题：

结果是否有所不同？

## 原始判例：

BGH 12.3.1953-IV ZR 131/52，BGHZ 9，113；

BGH 18.1.1958-V BLw 52/57，NJW 1958，547；

BGH 25.6.1964-III ZR 90/63，BGHZ 42，182.

# 解答

## 一、夫妻各自在不同的纸上立下遗嘱

依第 2258 条第 1 款，存在前后两份遗嘱，而嗣后遗嘱与先前遗嘱相冲突，则就冲突的部分，先前遗嘱失效。如此，1960 年 6 月 30 日的遗嘱可能因 1962 年 2 月 1 日所立的遗嘱而完全失效，因为二者均确定了唯一继承人。有疑问的是，第 2258 条第 1 款在本案中是否适用。如果 A 与 B 的第一份遗嘱构成所谓以**共同遗嘱**（gemeinschaftliches Testament）方式的**相互处分**（wechselbezügliche Verfügungen）。则 A 依第 2271 条第 1 款第 2 句在 B 生前不可独自以新的处分替代旧的处分，而应依第 2271 条第 1 款第 1 句准用第 2296 条解除遗嘱契约的方式撤回该处分。撤回的法律效果仅在 A 的由公证人作成的意思表示到达他的妻子后，才能产生。[1] 本案中，后者并未发生。所以，问题的关键是到底 A 与 B 的第一份遗嘱是否构成第 2270 条意义上的互相处分之共同遗嘱。

### （一）相互处分

依第 2270 条第 1 款，夫妻双方在共同遗嘱中确定彼此处分必须共存（同其命运）时，则构成相互处分。其范围限于彼此立为继承

---

[1] MüKoBGB/*Musielak*, § 2271 Rn. 8. 依第 130 条第 2 款，撤回也可以在表意人去世后达到（RGZ 65, 270）。相反观点：OLG Hamm NJW-RR 1991, 1480, 1481. 不允许的是，撤回人规定撤回的意思表示应在表意人死亡后才能送达。因为这样就规避了第 2271 条第 1 款，后者的立法目的在于保护夫妻彼此间的信赖（BGHZ 9, 233, 235 f.; Staudinger/*Kanzleiter*, § 2296 Rn. 10; *Kipp/Coing*, § 35 III 3a; *Dilcher*, JuS 1961, 20, 22）。

人、彼此遗赠或者彼此设定负担（第 2270 条第 3 款）。鉴于处分之间的关联性，第 2270 条第 1 款规定，一方之处分无效或撤回时，另一方之处分同样失效。

在个案中判断是否存在第 2270 条第 1 款的相互处分并不容易。通常需以一般解释规则来决定。第 2270 条第 2 款为特定情况确立了相对明确的解释规则。[1] 依后者，在夫妻双方彼此给予时，推定为互相处分。[2] 本案中，A 与 B 彼此立为继承人，由此可以推定其处分互相关联（同其命运）。

（二）共同遗嘱

另一个问题是，第 2270 条第 1 款的适用以“共同遗嘱之方式”为必要。民法典中并没有共同遗嘱的法律定义。从规定来看，该遗嘱仅可由夫妻（第 2265 条）为之，[3] 且其形式要求略有降低（第 2266 条以下）。

共同遗嘱可依第 2267 条由一方以第 2247 条的方式作成，而另一方具名签字即可。本案中，A 与 B 并未采取这一方式。这也并非不可。原则上夫妻双方可以各自依第 2247 条分别表达意思以立下共

---

[1] 比较：OLG München NJW-RR 2008，387，388；BGH DNotZ 1993，124，125.

[2] 第 2270 条第 2 款的推定可以相反事实推翻。此时需考虑立遗嘱行为的外部情事（Soergel/*Wolf*, § 2270 Rn. 10 m. w. N aus Rspr.）。不可认定为互相处分的典型情形如夫妻中仅一方有财产（OLG Brandenburg FamRZ 1999，1541，1543）。此时，财产给予一方的目的仅在于确保其死后配偶的生活，而不存在获得对方财产的任何期待（比较：KG JW 1935，1442）。也可能的情况是，一方的财产明显多于另一方，个案中也不必然完全排除互相处分的可能（OLG Saarbrücken FamRZ 1990，1285，1286）。还有一种可能是，仅使一项处分的效力取决于另一项处分，后者的效力则不受前者的影响。比较：*Pfeiffer*，FamRZ 1993，1266，1273 ff.

[3] 该条的合宪性：BVerfG NJW 1989，1986.

同遗嘱。[1] 问题仅在于如何判断到底是两个指向**共同遗嘱**的互相关联的表意还是两个**各自独立**不相关联的表意。这点取决于认定共同遗嘱的主要标准。

依帝国法院的判例，如果表意在形式上记载**于同一份文件中**（即便该文件由多页组成），即可认定为共同遗嘱，处分的内容、立遗嘱行为的共同性及立遗嘱人的意愿在所不问（客观说）。[2] 依该观点，本案中无法认定为共同遗嘱，因为 A 与 B 的处分并不在同一份文件中。理论中则有认为，重点不在于表意在外观上的关联性，而在于立遗嘱人**有意共同**安排双方死后的财产（主观说）。[3] 依该说，需以解释确定双方是否有相应的意思。联邦法院对二者的正确性未予表态，而是折中认为，“即便以被继承人的真意来判断共同遗嘱，也需**在各自独立的文件中**体现出共同表意的意思”[4]。如此，就形式上完全独立的两份遗嘱，其隐含的共同性必须确实表现于外，才可认定。本案中，这一条件并未满足，就两份遗嘱本身尚不能认定其共同性。至于其于同时同地所立、其内容与形式相同并且互相交换

[1]　BGH NJW 1958, 547; Staudinger/*Kanzleiter*, Vorbem. zu § 2265 ff. Rn. 14; Palandt/*Weidlich*, Einf. § 2265 Rn. 4 u. 7; *Kipp/Coing*, § 35 III 3a; *Schlüter/Röthel*, § 22 Rn. 10; *Lange/Kuchinke*, § 24 II 2a; *Brox/Walker*, Rn. 181 ff.

[2]　RGZ 50, 308, 309; 72, 204, 205 f. 比较：Staudinger/*Kanzleiter*, Vorbem. zu § 2265 ff. Rn. 14; Palandt/*Weidlich*, Einf. § 2265 Rn. 2; HK-BGB/*Hoeren*, § 2265 Rn. 3.

[3]　比较：Staudinger/*Kanzleiter*, Vorbem. zu § 2265ff. Rn. 15; *Lange/Kuchinke*, § 24 II 2c; *Brox/Walker*, Rn. 176; OGH NJW 1949, 304, 306; OLG Freiburg NJW 1949, 80.

[4]　BGHZ 9, 113, 115 im Anschluss an *Coing*, JZ 1952, 611, 613; OLG München ZEV 2008, 485, 486; MittBayNot 2009, 55 f. 通说赞同之，比较：MüKoBGB/*Musielak*, Vorbem. zu § 2265 Rn. 11; Palandt/*Weidlich*, Einf. § 2265 Rn. 7; Soergel/*Wolf*, § 2270 Rn. 7; *Schlüter/Röthel*, § 22 Rn. 15; *Leipold*, Rn. 460.

等情事，均非重点，因为共同意愿并未显现。[1]

按此观点，A 于 1960 年 6 月 30 日的死因处分不构成第 2265 条及第 2270 条之共同遗嘱的一部分。第 2271 条第 1 款关于撤回自由的限制对 A 不适用。鉴于 1962 年 2 月 1 日的第二份遗嘱，先前遗嘱依第 2258 条完全失效。S 成为唯一继承人，B 仅能获得特留份请求权。

但是，这一见解并不令人满意。本案中的外部情事恰恰说明主观说更具说服力。[2] 立法者在第 2271 条规定共同遗嘱双边拘束力的依据在于夫妻之间共同安排彼此身后的信赖。如果对共同遗嘱的要求过高，则对该信赖的保护就不够周全。如果考虑到立遗嘱行为的外部情势（立遗嘱行为的共同性及互相交换遗嘱），可以认定存在共同遗嘱意愿。

### （三）结论

A 于 1962 年 2 月 1 日所立的遗嘱依第 2271 条第 1 款第 2 句无效。B 依 1960 年 6 月 30 日所立仍然有效的共同遗嘱是 A 的唯一继承人。S 没有继承权。作为 A 的姐妹，S 也没有法定特留份请求权。

## 二、A 单独完成共同遗嘱

### （一）A 的继承人

与前一案情相同，关键还是 1960 年 6 月 30 日的文书是否构成形式有效的共同遗嘱。如果构成，则其中的互相处分依第 2271 条第

---

[1] BGHZ 9，113，117.

[2] Staudinger/*Kanzleiter*，Vorbem. zu § 2265 ff. Rn. 18；*Brox*/*Walker*，Rn. 176.

1 款在夫妻双方生前不能由任何一方单独撤回。

首先可以确定的是，夫妻双方所立的遗嘱具有**共同遗嘱**的特性。无论依客观说还是主观说，该判断都没有疑义。依第 2270 条第 2 款，彼此立为单独继承人的遗嘱推定为相互处分。要考虑的是共同遗嘱的形式是否有效。

共同遗嘱可以法律规定的所有遗嘱方式设立。[1] 就亲笔遗嘱，民法典还于第 2267 条规定了较为宽松的要求。不过，本案中，无论是第 2247 条的严格形式还是第 2267 条的宽松形式，均未满足。

依第 2267 条，夫妻之一方依第 2247 条写成遗嘱，而另一方**具名签字**后，即为有效遗嘱。如此，不合于第 2267 条的是，配偶分别处分而仅就其自己的处分部分签字，即便两项处分写在同一张纸上。[2] 此时，遗嘱的有效性只能以第 2247 条的一般要求来判断。按此，1960 年 6 月 30 日的文书中存在的有效处分是，A 将其妻子列为唯一继承人。B 的处分虽然有其签名，但是并非**亲笔写成**。因此，依第 2247 条及第 125 条规定无效。[3]

B 的处分可以暂不考虑，因为在 A 去世后，只有他的死因处分要紧。但是，A 与 B 的处分是以共同遗嘱方式进行的互相处分（尽管其形式有瑕疵），依第 2270 条第 1 款，其中的一项处分无效时，

---

[1] BGH NJW 1958, 547; Staudinger/*Kanzleiter*, § 2267 Rn. 3 ff. m. w. N.

[2] BGH NJW 1958, 547; BayObLG FamRZ 2004, 1237; Staudinger/*Kanzleiter*, § 2267 Rn. 13; Soergel/Wolf, § 2267 Rn. 2; MüKoBGB/*Musielak*, § 2267 Rn. 21; Palandt/*Weidlich*, Einf. § 2265 Rn. 7. 如果一方在另一方已经完成的遗嘱后面附上部分内容并签字而没有包含新的处分时，可以认定为共同遗嘱。OLG Rostock OLGR 1999, 196; LG Tübingen BWNotZ 1986, 17; Staudinger/*Kanzleiter*, § 2267 Rn. 16.

[3] 比较：OLG Düsseldorf FamRZ 1997, 518; MüKoBGB/*Musielak*, § 2267 Rn. 21.

与之相关联的另一项遗嘱也无效。这一点不同于第 2085 条的一般规则。[1]

所以，1960 年 6 月 30 日的共同遗嘱无效。[2]A 于 1962 年 2 月 1 日所立的新遗嘱有效，其姐妹 S 成为唯一继承人。B 的继承权被排除。可能的仅有夫妻财产制中的补偿请求权或者依第 2303 条第 2 款的特留份请求权。

### （二）妻子的特留份请求权

在被继承人的妻子被剥夺继承权后，可依第 2303 条第 2 款向继承人请求特留份。依第 2303 条第 1 款第 2 句，其份额为法定应继份额的一半。而配偶与第二顺位继承人并列时[3]，依第 1931 条第 1 款第 1 句，享有一半的遗产份额。[4] 夫妻之间采取法定财产制（即**剩余财产分配制**）时，配偶的继承份额依第 1931 条第 3 款及第 1371 条第 1 款在原有的份额之上再增加 1/4。这一安排（即所谓按继承法的分配方案）旨在避免计算剩余财产的困难，使其财产分配请求权得以简易而概括的方式实现。[5] 按此，B 的应继份为 3/4，而特留

---

[1] 比较：BayObLG ZEV 2000，448，449；Palandt/*Weidlich*，§ 2270 Rn. 12. 如果从个案情事可以推知，被继承人即便得知对方的处分无效也会作出现在的处分，则不存在相互处分关系。即便认为仍然存在互相处分，前述的处分还可以依第 140 条转解释为有效（KG DFG 1943，53）。比较：Staudinger/*Kanzleiter*，§ 2265 Rn. 11；MüKoBGB/*Musielak*，§ 2265 Rn. 5 ff. m. w. N.

[2] BGH NJW 1958，547.

[3] 译者注：配偶不在第 1924 条以下罗列的顺位中，因为顺位以直系血亲为标准。配偶的继承权并列于顺位所确定的继承人。

[4] 依第 1925 条第 1 款，A 的姐妹 S 是第二顺位继承人。*Lorenz/Eichhorn*，JuS 2015，781 ff.

[5] BGHZ 37，58，63；42，182，187；*Schlüter/Röthel*，§ 38 Rn. 34.

份则依第 2303 条第 1 款第 2 句为 3/8（即所谓**大特留份**）。[1] 这一方案适用的通常情形为：A 在遗嘱中将 B 列为共同继承人，但其依遗嘱所得份额小于 3/8；或者 A 指定 B 为受遗赠人，而遗赠物的价值不到遗产的 3/8（第 2305 条及 2307 条第 1 款第 2 句）。[2]

如果配偶既非继承人也非受遗赠人，则可依第 1371 条第 2 款选择所谓财产制分配方案，请求分配剩余财产（第 1373 条以下）；同时还可请求未增加的一般特留份（即所谓**小特留份**）。按此，B 的特留份应为法定应继份（第 1931 条第 1 款）的一半，即遗产的 1/4。有疑问的是，B 是否可以放弃剩余财产分配请求权及小特留份请求权，而直接依第 1371 条第 1 款请求大特留份。

要澄清的是，第 1371 条第 2 款第 2 分句的措辞"此时"（即小特留份请求权的前提），指涉的是剩余财产分配**请求**本身，还是指配偶既非继承人也非受遗赠人这一大前提（即第 1371 条第 2 款第 1 分句之**全部**）。在前者，请求分配剩余财产时仅有小特留份；在后者，则无继承可能的配偶始终只能请求小特留份。

### 1. 单一可能说

依现在判例及理论中的通说，既非继承人也非受遗赠人的配偶，**只能**依第 1371 条第 2 款请求**小特留份**并按夫妻财产制请求剩余财产分配，即便该配偶有时无法主张或不愿主张其分配请求权（**单一可**

---

[1] BGHZ 37, 58, 62; 42, 182, 184; OLG Saarbrücken DNotZ 2015, 691, 702. 在计算没有继承权的子女的特留份时，也以第 1371 条第 1 款的大特留份为准（即各个份额的分配），即便该配偶依被继承人的死因处分已成为继承人（BGHZ 37, 58, 60 ff.; MüKoBGB/*Koch*, § 1371 Rn. 25; *Brox/Walker*, Rn. 551）。

[2] BGHZ 37, 58, 62; BGH NJW 1983, 388, 389. 比较：*Dieckmann*, DNotZ 1983, 630, 632; *Reinicke*, DB 1965, 1351, 1354; *Lange/Kuchinke*, § 37 VI 4b u. g.

**能说**）。[1] 这一点可由第 1371 条第 2 款的文义得知。其明言，无继承权且未受遗赠之人可请求分配剩余财产；此时，仅有小特留份请求权。所谓“此时”，如果仅理解为财产分配权的主张，而非其被剥夺继承及遗赠可能的大前提，则在其他所有情况中，**大特留份**请求权均为可能。这一理解乍看之下并无不妥，实则曲解了文义。因为第 1371 条第 2 款并不意指，小特留份请求权以财产分配请求权的主张为前提。[2] 由此，“此时”应指剥夺继承权及没有遗赠。[3] 这一理解也与第 1371 条的基本思路相符。后者在于夫妻关系因一方死亡而结束后的财产分配。立法者通过第 1371 条第 1 款旨在实现一种简化的剩余财产分配。如果简化有损于配偶的利益，则法律仍然确保其可以通过一般规则请求分配，即依第 1371 条第 3 款放弃继承人地位或遗赠。相反，法定规则的目的并不在于提升配偶**在继承中的地位**。[4] 没有任何理由可以支持在所有情况下都允许请求大特留份。在没有继承权及遗赠时的普通财产分配请求权及小特留份请求权，恰好符合配偶本来的利益状况，排除了额外得利的可能。[5][6]

---

[1] BGHZ 42, 182, 185; BGH NJW 1982, 2497; Staudinger/*Thiele*, § 1371 Rn. 7; MüKoBGB/*Lange*, § 2303 Rn. 36; Palandt/*Brudermüller*, § 1371 Rn. 3; *Brox/Walker*, Rn. 75; *Leipold*, Rn. 171; *Gernhuber/Coester-Waltjen*, § 37 Rn. 25 ff.; *Schwab*, JuS 1965, 432, 433.

[2] BGHZ 42, 182, 186.

[3] *Lange/Kuchinke*, § 37 VI 1c; *Reinicke*, DB 1958, 575, 576 f.

[4] BGHZ 37, 58, 63; 42, 182, 188.

[5] 译者注：在配偶的法定继承权被剥夺时，其在继承法上的利益指向只有普通特留份请求权，即小特留份。而夫妻财产制中的分配请求权是财产关系结束后的固有权利。所以，第 1371 条第 2 款就是强调此时没有特别规则适用，仅适用本来的一般规则，即两者可以并存主张。至于大特留份方案，则仅适用于配偶有继承权时。此时，配偶在继承法上的利益指向本来就不限于法定特留份。为顾及剩余财产分配并简化其具体计算过程，乃有第 1371 条第 1 款的规定。

[6] BGHZ 42, 182, 187 f.

### 2. 选择说

前述的观点也会引起一定的不确定性。如果被继承人给予其配偶的继承份额或遗赠价值小于法定继承份额的一半，则配偶依第 2305 条及第 2307 条第 1 款第 2 句可以请求大特留份（第 2303 条第 1 款第 2 句与第 1931 条第 1 款和第 3 款，及第 1371 条第 1 款），第 1371 条第 2 款没有适用余地。只有被继承人在死因处分完全排除配偶的权益时，才适用第 1371 条第 2 款的财产分配及小特留份。由此，被继承人可以随意影响特留份权利人的具体请求内容。这一点与法定特留份规则的初衷相悖，后者本来是对被继承人意思自治的限制。况且，大特留份请求权抑或小特留份加财产分配（也可能因第 1378 条而不存在）请求权的抉择，最终可能完全取决于一个价值很小的遗赠。个案中会导致非常不公平的结果。[1] 因此，理论中的少数说认为，配偶应该有在两种方案中的选择权（选择说）。[2] 第 1371 条第 2 款第 2 分句中的“此时”，应理解为剩余财产分配请求权确实主张时。如果配偶事实上没有主张该权利，则其仍有大特留份返还请求权。[3]

这一见解首先并不合文义（参见前述）。其次还与夫妻一方死亡后的财产分配原则不符。第 1371 条第 1 款的继承法方案所提出的财产分配简化方式必须由夫妻**双方**同意：配偶之一方可依第 1371 条第 3 款放弃遗产或遗赠，并仍然按照一般规则请求剩余财产的分配；而先去世的一方在生前可以通过排除配偶继承或受遗赠权利的方式

---

[1] 在配偶仅有极少遗产份额时，联邦法院将之与无继承权的配偶等同。反对观点：MüKoBGB/*Koch*，§ 1371 Rn. 25；Staudinger/*Thiele*，§ 1371 Rn. 24；*Brox/Walker*，Rn. 552；*Reinicke*，DB 1965，1351，1355.

[2] BGHZ 42，182，185；*Lange/Kuchinke*，§ 37 VI 1.

[3] *Lange*，NJW 1958，288，289；1965，369，370.

使法定财产制的分配规则完全适用。[1] 如此，第 1371 条第 1 款的概括分配方案并未强迫任何一方接受。而选择说的结论恰恰仅使配偶一方可以任意选择。甚至可以自己决定特留份的大小，并缩减他人的特留份。这一后果至少与被继承人的决定权一样与继承法的基本原则不符。后者依单一可能说可以使配偶成为继承人或受遗赠人，进而排除第 1371 条第 2 款的适用。[2] 此外，配偶的选择权还会导致法律的不安定性：由于法律就其行使未设期限，选择甚至可以拖到特留份请求权罹于时效之后。[3]

### 3. 结论

综上，应采单一可能说。由于 B 既非继承人也非受遗赠人，她可依第 1371 条第 2 款向 S 按第 1373 条以下规则请求分配夫妻关系之剩余财产。[4] 同时，她可以向唯一继承人 S 请求特留份，此以其原本的法定应继份为准，即遗产价值的 1/4（第 2303 条第 1 款第 2 句与第 1931 条第 1 款）。

---

[1] 译者注：从上下文来看，作者所谓的同意主要是默认。

[2] BGHZ 42, 182, 190; BGH NJW 1982, 2497; *Dieckmann*, DNotZ 1983, 630, 632.

[3] BGHZ 42, 182, 190.

[4] 比较：*Gernhuber/Coester-Waltjen*, § 37 Rn. 25 ff.

# 案例十二　利他契约中的死因给予

## 关键词

共同立遗嘱人生前的处分自由　妨害性赠与

## 案件事实

退休的A于1987年12月13日与其妻B立下了共同遗嘱。其中，他们立彼此为继承人，并将C（A的亲子及B的继子）立为他们中后去世一方的继承人。此外，A另作了一项处分，在他死后，C可以即刻获得一栋房屋，B则取得该屋的无偿居住权。A于1996年2月21日去世，B于2002年10月10日去世。

储蓄所S处有一个名为“A或B”的账户，在A死时，其中有存款9449.42元。1999年12月8日，B与S约定了一个利第三人契约，在B死后，D（C的儿子）成为该存款的权利人。在此之前，B仍保有该存款的处分权。

直到B死后，D才从储蓄所获悉该契约，此时该户头有9954.94

元。此外，B 的遗产中还有另一笔 5938.58 元的存款。C 将前述的储蓄存折作为遗产占为己有。

## 问题：

D 是否可向 C 请求返还该存折？

## 原始判例：

BGH 26.11.1975-IV ZR 138/74，BGHZ 66，8.

# 解答

D 对 C 可依民法典第 985 条请求返还存折。C 目前占有该存折。D 必须是所有权人。存折是有价证券。就证券本身之权利取决于证券记载之权利。[1] 依第 952 条第 1 款及第 2 款，存折的所有权属于存折所载之存款债权的权利人。[2]

## 一、因利他契约而取得债权

B 在生前并未将对储蓄所的存款债权让与 D。不过，D 可以依 B 与 S 约定的利第三人契约取得其债权。如果是这样，则该债权不在 B 的遗产之列，也即不依第 1922 条的概括承受转让于 C，后者按

[1] Staub/*Renner*, HGB 10/2, 4. Teil Fn. 63. 存折是民法典第 808 条规定的特种不记名有价证券（证券中其实记载了债权人，但是同时有持有人条款，即债务人可以直接向任意持有人清偿而免责，只是持有人没有请求权），或者称为不完全持有人证券。比较：Palandt/*Sprau*, § 808 Rn. 6.

[2] 依通说，存款构成借贷（第 488 条）。比较：Staudinger/*Marburger*, § 808 Rn. 42; Staub/*Renner*, HGB 10/2, 4. Teil Rn. 35.

A与B的共同遗嘱，是二者的最终继承人。

依第328条及第331条，要约人（受诺人）及受约人（许诺人）可以约定对第三人（受益人）为给付，而第三人之给付请求权在要约人（即被继承人）死亡时才有效取得并得以行使。[1] 本案中，D取得权利的要件是，B作为要约人愿意在自己死亡时使D取得权利，而受约人S也认许这一结果。[2] 依案情，B与S确实有该约定。给予的范围取决于B死亡时的存款情况。[3] 如此，D应该可以取得继承开始时账户中的钱款。

## （一）因第125条第1句而无效（补偿关系）

如果以利他契约方式的死因给予须符合第2301条第1句的法定形式（准用第2247条及第2276条），[4] 本案中B与S的约定可能因第125条第1句无效。在利他关系的构造中，受诺人（要约人）与第三人（受益人）之间构成一种赠与性的价金关系。尽管后者的债权取得直到前者去世时才实现，但是，该利他契约作为生前的一般法律行为（债编第331条规定的普通之债），并不适用死因赠与的法定形式。[5] 因为，该补偿关系的当事人的只有要约人（受诺人）与受约人（许诺人），且许诺合意完全是生前行为。法律对

[1] 比较：BGHZ 41, 95, 96; Staudinger/*Kanzleiter*, § 2301 Rn. 42.

[2] 比较：BGHZ 46, 198, 202; BGH WM 1983, 1355, 1356; MüKoBGB/*Musielak*, § 2301 Rn. 40.

[3] 比较：Staub/*Grundmann*, HGB 10/1, Rn. 221 ff.

[4] 依通说，相关的是第2276条关于继承契约的形式规定。比较：MüKoBGB/*Musielak*, § 2301 Rn. 13.

[5] BGHZ 41, 95, 96; BGHZ 46, 198, 201; BGH NJW 1975, 382, 383; BGHZ 66, 8, 12 f.; BGH WM 1983, 1355, 1356; BGHZ 157, 79, 82; BGH NJW 2008, 2702, 2703 m. Anm. *Leipold*, ZEV 2008, 932. 比较：Staudinger/*Kanzleiter*, § 2301 Rn. 42 m. w. N.

此自然没有特别形式要求。[1]

### （二）类推第 2271 条第 2 款及第 2289 条第 1 款第 2 句的无效法律效果

利第三人契约也可能类推适用第 2271 条第 2 款及第 2289 条第 1 款第 2 句而无效。依第 2269 条第 1 款的解释规则，共同遗嘱中夫妻双方立对方为继承人，而双方去世后再由第三人取得遗产时，推定后去世一方配偶为先去世一方配偶的完全继承人，而第三人为后去世一方的继承人，也即不存在第 2100 条的先后继承关系。[2] 由于共同遗嘱中将 C 列为最终受益人，则 A 与 B 的处分依第 2270 条第 2 款的解释规则是相互处分，而 B 成为 A 的唯一继承人。依第 2271 条第 2 款，在 A 去世后，B 不能再更改其有利于 C 的死因处分。在接受她丈夫的遗产而不能弃权（第 1943 条）后，原则上只有在最终继承人犯了将导致失去特留份的过错时，[3]B 才能撤回其共同遗嘱中的处分（第 2271 条第 2 款及第 2294 条）。如果 B 在 A 死后作出新的死因处分，并有损于 C 的继承权，则该处分依第 2289 条第 1 款第 2 句（类推适用）无效。[4]

如果将旨在死因赠与的利他契约也看作一种实质上的死因处分，进而可以适用继承法的固有规则，如第 2271 条第 2 款及第

---

[1] MüKoBGB/*Musielak*, § 2301 Rn. 32; *Schlüter/Röthel*, § 25 Rn. 22 ff. 比较：BGH WM 1978, 895.

[2] 比较：*Lange/Kuchinke*, § 24 IV 1a Fn. 91; *Buchholz*, FamRZ 1985, 872, 873.

[3] 译者注：比较第 2333 条。

[4] Staudinger/*Kanzleiter*, § 2271 Rn. 33 u. § 2286 Rn. 12; *Harder/Kroppenberg*, Rn. 182.

2289 条第 1 款第 2 句，那么该契约可能依后者而无效。[1] 可是，立法者在体例上将其（第 331 条）列在债编，并归于一般利他契约之下。[2] 而且，由第 2286 条的当然解释（argumentum a fortiori）来看，既然继承契约不能限制当事人在生前就其财产进行任意处分，那么共同遗嘱就更不能有相应的效果。[3]

当然，在被继承人受有一定拘束（或者通过继承契约，或者通过共同遗嘱，后者的拘束力自另一方配偶死亡时产生）时，也可以将其处分进一步区分为一般处分及死因处分，后者须受到该拘束力的影响。[4] 只是，这一区分难度不小，也会导致法的不安定性。[5] 而且与判例中观点的发展相悖。联邦法院过去认为，如果被继承人的处分行为只是表面上看似一般行为，而实际上是要实现死因处分的效果，则规避了法律为继承契约及共同遗嘱所确定的拘束力，因而依第 134 条与第 2289 条第 1 款第 2 句无效。[6] 后来，该院放弃了这一看法，因为其与第 2286 条相冲突，在认定一般处分行为效力时会出现不确定性。[7] 由此，更为可取的是，在有继承契约与共同遗嘱时，仍将旨在死因赠与的利第三人契约认定为非死因处分的一般法律行为。该契约不因类推适用第 2271 条第 2 款及第 2289 条第 1 款第 2

---

[1] 比较：*Harder*, FamRZ 1976, 418, 427; *Kümpel*, WM 1977, 1186（1192 Rn. 40）; *Hager*, FS *v. Caemmerer*, 1978, S. 127（143 Fn. 64）.

[2] BGHZ 66, 8, 12 f.; *Johannsen*, DNotZ 1977, 69, 81; *Schreiber*, Jura 1995, 159, 162 m. w. N.

[3] BGH DNotZ 1951, 343, 345; 1965, 357, 358.

[4] BGHZ 66, 8, 13.

[5] 比较：BGHZ 66, 8, 14; *Johannsen*, LM § 2301 Nr. 6; DNotZ 1977, 69, 82 f.

[6] 比较：BGH LM § 2271 Nr. 4; Staudinger/*Kanzleiter*, § 2286 Rn. 13 ff. m. w. N.

[7] BGHZ 59, 343, 346 ff.; *Spellenberg*, FamRZ 1973, 136 ff.; *Johannsen*, LM § 2301 Nr. 6; *Strätz*, JR 1973, 244, 245.

句而无效。[1]

在要约人 B 去世后，D 依第 328 条及第 331 条取得存折上的存款债权，并依第 985 条第 1 款及第 2 款取得存折的所有权。第 985 条的请求权成立。

## 二、抗辩

### （一）无法律原因之取得

如果 B 给予 D 的请求权[2]没有法律上的原因[3]，则 D 的取得（存折所有权）没有正当基础。此时，C 将有针对不当行使权利的抗辩（第 242 条）。因为 D 最终仍需向 B 的继承人 C 依第 812 条第 1 款第 1 句第 1 选项返还该权利（即基于诚实信用原则的 dolo agit. 抗辩：dolo agit，qui petit，quod statim redditurus est. 请求某物之人若将来需返还其物，则为恶意行使其权利）。[4]

#### 1. 赠与契约（价金关系）作为法律原因

依联邦法院的观点，要约人（受诺人）通过与受约人（许诺人）的利他契约给予受益人（第三人）的直接请求权的法律原因，应按

---

[1] 比较：BGHZ 66，8，13 ff.；BGH WM 1976，1130；BGH NJW 1993，2171，2172；MüKoBGB/*Musielak*，§ 2301 Rn. 33；*Johannsen*，DNotZ 1977，69，83；*Muscheler*，WM 1994，921，922.

[2] 译者注：即 D 与 S 的给予关系中 D 对 S 的直接请求权，请求权来自 B 与 S 之间的补偿关系。

[3] 译者注：即 B 与 D 之间是否存在有效的价金关系作为 S 与 D 之间的给予关系的法律原因。

[4] 比较：BGH NJW 1975，382，383；WM 1976，1130；*Muscheler*，WM 1994，921，921 f. 在真正利他契约（即第三人对许诺人有直接请求权），许诺人（受约人）通过向第三人履行以实现补偿关系中对要约人（受诺人）的给付。该履行同时也是价金关系中受诺人对第三人的给付。对适用恶意抗辩的批判：*Harder*，FamRZ 1976，418 ff.

债法而非继承法规则来判断。[1] 就其无偿得利的情形而言，可能的法律原因是**赠与**。只是，在 B 死前，她并未与 D 就无偿给予存折债权而订立赠与契约（第 518 条第 1 款）。不过，该契约也可能在 B 死后成立。依联邦法院的观点，可作如下解释：[2] 与许诺人 S 约定的利他契约中也存在 B 对 D 的要约，在 B 死后，S 作为意思表示的使者（受 B 的委任）将该要约再转达给 D。该要约依第 130 条第 2 款可以在 B 死后有效达到 D，D 可依第 153 条承诺。该承诺依第 151 条第 1 句并不需要向要约人 B 的继承人 C 表示出来。[3] 而 C 其实也可依第 130 条第 1 款第 2 句及时撤回要约，以阻止契约成立。[4] 该撤回最晚应与由 S 转达的要约同时到达 D。本案中未出现这一情况。因此，赠与契约成立生效。

**2. 依第 125 条而无效（价金关系）**

不过，有问题的是这一法律原因的形式有效性。如果死因给予之利他契约中的价金关系构成第 2301 条的死因赠与许诺，那么在赠与未依第 2301 条第 2 款于赠与人生前执行时，则应依第 2301 条第

[1] 比较最近判例：BGH NJW 2008, 2702, 2703; OLG Koblenz NJW-RR 2015, 72, 73.

[2] 比较：BGHZ 41, 95, 97; 46, 198, 203 f.; 66, 8, 13; BGH NJW 2005, 980; 2010, 3232, 3233 ff.

[3] 死后代理权参见：*Petersen*, JURA 2010, 757 ff. 第 151 条的构成要件参见：*Bydlinski*, JuS 1988, 36 ff.

[4] 比较：HK-BGB/*Hoeren*, § 2301 Rn. 45. 撤回权及继承人与第三人的利益冲突参见：*Hager*, FS *v. Caemmerer*, 1978, S. 127, 144; *Muscheler*, WM 1994, 921 ff. m. w. N. 可能的是通过死因处分排除撤回的可能，参见：BGH WM 1976, 1130; *Finger*, VerR 1986, 508（N. 7）; *Kümpel*, WM 1993, 825, 826; *Muscheler*, WM 1994, 921, 934 ff.；相反观点：OLG Celle WM 1993, 591, 592.

1 款第 1 句满足继承法中关于死因处分的形式要求。[1] 可是，按联邦法院的观点，死因给予的利他契约适用第 331 条的特别规则，而非第 2301 条第 2 款。依前者，给予行为的判断以一般法律行为而非死因处分为准。[2] 如此，则应考虑一般赠与的形式要件。依第 518 条第 1 款第 1 句，赠与许诺需由公证人作成。本案中，这一形式并未满足。只是，这一瑕疵可依第 518 条第 2 款通过实践行为补正，即 D 因 B 的死亡而取得债权后，赠与契约效力便不成问题。[3]

这一观点在理论中遭到许多批评，不仅指向一般赠与的定性，也指向其具体的构造本身。[4] 第 153 条及第 130 条第 2 款的规则并不适用于将意思表示的达到故意推迟至表意人死后。[5] 而且，银行会陷于一种义务冲突。因为，继承人依第 1922 条及第 672 条成为委任

---

[1] *Medicus/Petersen*, Rn. 393 f.; *Brox/Walker*, Rn. 744. 个案中需判断是否存在第 2301 条第 1 款的死因赠与，抑或仅以死亡为始期（法律行为之期限）的一般赠与；比较：BGH NJW 1987, 840, 840 f.; *Leipold*, JZ 1987, 362, 363; BGH NJW 1988, 2731, 2732; *Kuschinke*, FamRZ 1984, 109, 113. 依死后授权而完成第 2301 条第 2 款的执行，比较：BGHZ 87, 19, 25 f. 相反观点：*Kuschinke*, FamRZ 1984, 109, 112, 114; BGHZ 127, 239, 242.

[2] 比较：BGH NJW 2008, 2702, 2703; NJW 1975, 382, 383; BGHZ 66, 8, 12 f.; *Johannsen*, LM § 2301 Nr. 6; *Lange/Kuchinke*, § 33 I 3a; *Schlüter/Röthel*, § 22 Rn. 18, 23; *Schreiber*, Jura 1995, 159, 162; MüKoBGB/*Musielak*, § 2301 Rn. 36 f. 判例中前矛后盾的看法：BGH WM 1983, 1355, 1356 u. BGHZ 157, 79, 82 f. 其中暗含了以第 2301 条第 1 款为适用前提；*Kümpel*, WM 1977, 1186, 1190. 相反观点：*Harder*, FamRZ 1976, 418, 425.

[3] 比较：BGHZ 41, 95, 97; BGH NJW 1975, 382, 383; WM 1976, 1130; BGHZ 157, 79, 83. 更合理的是认定为第 516 条的实践赠与（即赠与承诺时即时完成给付，无形式要求），因为践行行为，即债权的让与，在时间上先于作为原因行为（价金关系）的无偿给予约定。比较：MüKoBGB/*Koch*, § 518 Rn. 20; *Kümpel*, WM 1977, 1186, 1190 f.; BGH WM 1976, 113. 则未置可否。第 2301 条可以推类适用于实践赠与。比较：MüKoBGB/*Musielak*, § 2301 Rn. 8; *Nieder*, BWNotZ 1996, 129, 130.

[4] *Harder/Kroppenberg*, Rn. 530 ff.; *Schreiber*, Jura 1995, 159, 162; MüKoBGB/*Musielak*, § 2301 Rn. 24.

[5] *Brox/Walker*, Rn. 751; *Lange/Kuchinke*, § 33 I 1 b.

契约的当事人，银行依第 666 条需对其告知受任转达赠与要约之事，通常情况下，继承人会撤回该要约；另一方面，银行依有效的利他契约又负有对受益人立即告知的义务（以实现对受益人的给付）。[1] 如果它不这么做，则构成违约（第 280 条）。

认为第 2301 条被第 331 条排除适用的观点一方面会架空继承法中关于要式性的规则，因为死因给予都可以通过口头约定实现。[2] 另一方面会使特留份权利人及遗产债权人不当受损，因为遗赠中涉及的财产均可不归入遗产而自行移转。[3]

为了使继承人不能规避继承规则，有认为价金关系应当适用第 2301 条。如果赠与没有依第 2301 条第 2 款在被继承人生前践行，则许诺人与第三人的价金关系即没有形式有效的法律原因（比较第 2301 条）。另有观点认为，价金关系其实是一个以遗嘱方式规定的特别继承安排，除了形式要件，其他问题均应按继承法规则解决。[4] 不过，这一看法的缺陷是，民法典仅规定了概括继受，而没有所谓特别继承的设计。[5]

此外，还有主张在死因给予利他契约的价金关系中其实存在一个类似于遗赠的非要式无名（非典型）单方死因给予以作为法律原

---

[1] 比较：Staub/*Grundmann*, HGB 10/1, Rn. 226 ff.

[2] *Medicus/Petersen*, Rn. 396.

[3] *Kipp/Coing*, § 81 V 1（1）. 比较：*Finger*, JuS 1969, 309, 310; *Medicus/Petersen*, Rn. 396.

[4] *Finger*, JuS 1969, 309, 314; WM 1970, 374, 380; NJW 1970, 954, 955; NJW 1972, 497, 498. 反对观点：*Bartholomeyczik*, FS *v. Lübtow*, 1970, S. 729, 742 f.

[5] *Brox/Walker*, Rn. 767. *Muscheler*, WM 1994, 921, 931; *Dutta*, Warum Erbrecht? S. 508 ff.

因，进而类推适用遗赠的法律效果。[1] 不过这一观点与继承法规则的法定封闭性（即通常不能类推适用）相冲突。[2]

依判例，死因给予的利第三人契约其实为被继承人创设了另一种安排死后财产归属的可能。[3] 鉴于第 331 条及第 2301 条的模糊关系，联邦法院的观点反而更具说服力，且充分顾及了现实中越来越多的死因赠与利他契约。法律续造[4] 的方式在教义学及方法论上也比较可靠。[5] 所以，最终可以认定，D 的债权取得在价金关系中以有效一般赠与作为其法律基础。C 没有不当得利返还请求权，也没有相应的不当行使权利的抗辩可能。

## （二）类推第 2287 条的返还义务

如果 C 作为最终继承人可以请求 D 返还赠与物，即依不当得利规则请求让与存款债权（类推适用第 2287 条），则他可相应主张不当行使权利之抗辩（dolo agit）。第 2287 条是保护契约继承人的法律地位，可以类推适用于共同遗嘱中互相处分所立的最终继承人，后者的法律地位在一方配偶去世后不可再变更。[6] 如此，C 是第 2287

---

[1] *Harder*, Zuwendungen unter Lebenden auf den Todesfall, 1968, S. 154 m. w. N. in Fn. 172; FamRZ 1976, 418, 426, 428; *Harder/Kroppenberg*, Rn. 540 ff.; *Kipp/Coing*, § 81 V 2; *Kümpel*, WM 1977, 1186, 1191 f.

[2] *Brox/Walker*, Rn. 767; *Bühler*, NJW 1976, 1727, 1728; Soergel/*Wolf*, § 2301 Rn. 25; *Leipold*, ZEV 2008, 395, 396.

[3] *Johannsen*, LM § 2301 Nr. 6; Palandt/*Weidlich*, § 2301 Rn. 17.

[4] 译者注：应该指前述的赠与要约死后到达的解释。

[5] MüKoBGB/*Musielak*, § 2301 Rn. 37; Staudinger/*Kanzleiter*, § 2301 Rn. 44; *Johannsen*, LM § 2301 Nr. 6; BGHZ 66, 8, 13; *Brox/Walker*, Rn. 768; *Schreiber*, Jura 1995, 159, 162.

[6] BGHZ 66, 8, 15; 87, 19, 23 f.; Palandt/*Weidlich*, § 2271 Rn. 10.

条的适当权利主张人。在 B 送给 D 储蓄存款后，C 所获得的遗产价值有所减损。[1] 可是，仅仅客观上有碍于继承前景不足以成立第 2287 条的请求权。赠与本身还必须是被继承人故意为了损害继承人所为。[2]

在解释“**妨害故意**”这一要件时，判例中有过较大的转变。联邦法院原先要求被继承人必须是出于损害契约继承人或共同遗嘱最终继承人的动机而将财产赠与他人。[3] 后来则降低了标准，[4] 认为如果不能看出被继承人有**与继承无关的其他考量**，且该处分就情事而言并不公平且不正当时，存在妨害目的。[5] 所谓继承以外的其他考量，如为了养老或出于道义的行为。[6] 相反，如果处分就其内容而言实际上旨在更改继承契约或共同遗嘱，[7] 使继承人以外的其他人可以无

[1] 如果受赠人是特留份权利人，且赠与内容并未超过特留份内容，则第 2287 条没有适用余地。比较：BGHZ 88，269，272；*Spellenberg*，NJW 1986，2531，2534.

[2] 继承人同意赠与时，则会失去第 2287 条的保护。有认为，该同意须由公证人作成（类推第 2348 条）：BGHZ 108，252，255；*Leipold*，Rn. 527 a. E.；另有认为无需公证人：Soergel/*Wolf*，§ 2287 Rn. 10；Palandt/*Weidlich*，§ 2287 Rn. 8；*Kanzleiter*，DNotZ 1990，776 ff.；ZEV 1997，261.

[3] 比较：BGH LM § 2287 Nr. 3；BGH FamRZ 1961，72，74；BGH FamRZ 1964，429，431；BGH WM 1969，1055，1056.

[4] BGHZ 59，343，349 f.

[5] 比较：BGHZ 59，343，350；66，8，15 f.；77，264，266；83，44，45；116，167，176；BGH NJW 1992，2630，2631；ZEV 2005，479，479 f.；2006，312，312；2006，505，505；*Spellenberg*，NJW 1986，2531 ff.；*Nolting*，JA 1993，129，133 ff. 认定第 2288 条中的妨害故意。参见：BGHZ 111，138，140 ff.；124，35，36 ff. m. Anm. *Siegmann*，ZEV 1994，38 f.；BGH FamRZ 1998，427，428 f. 被继承人主观上是否知道其受到拘束，在所不问。比较：*Schindler*，ZEV 2005，334.

[6] 在被继承人恰恰为了照顾继承人的利益而为赠与时，没有妨害意思。BGH FamRZ 1986，980，982.

[7] BGHZ 66，8，17；88，269，270；BGH NJW-RR 1991，1157，1159 m. Anm. *Waltermann*，JuS 1993，276 ff.；OLG Düsseldorf FamRZ 1999，1621，1623.

偿取得本应归于遗产的财产时，第 2287 条有适用余地。

反对观点认为，法条文义中并没有降低认定“故意”标准的依据。[1] 不过，这一解释其实也缓和了法定规则中死因处分的拘束力与生前一般处分自由的冲突，[2] 并与第 2287 条的立法目的相符。后者在于防止被继承人滥用第 2286 条确定的生前自由处分权，进而保护契约继承人及共同遗嘱的最终继承人。[3]

如此，本案中的关键是 B 的给予行为中是否有其他考量。B 给予 D 的存款大约构成 C 本来可以继承的最终遗产的 2/3。[4] 就此，遗产有较大幅度的减少。本案中也不存在诸如赡养约定等动机，因为 D 直到 B 死后才得知存款之事。[5] 至于道义行为则更加是无从谈起。[6] 所以，C 对 D 依第 2287 条的请求权成立。D 必须将对储蓄所的存款请求权依不当得利规则让与 C。由此，C 可以对 D 主张不当行使权利之抗辩（第 242 条）。[7]

---

[1] Staudinger/*Kanzleiter*, § 2287 Rn. 13; *Speckmann*, NJW 1974, 341, 343 f.; *Finger/Füser/Hamm/Weber*, FamRZ 1975, 251, 254 ff.; *Nolting*, JA 1993, 129, 135.

[2] *Teichmann*, JZ 1974, 32, 33.

[3] 比较：BGHZ 59, 343, 350; 77, 264, 266; *Spellenberg*, FamRZ 1972, 349, 355; 1973, 136; NJW 1986, 2531, 2536; Palandt/*Weidlich*, § 2287 Rn. 6; Soergel/*Wolf*, § 2287 Rn. 13; *Brox/Walker*, Rn. 159; *Leipold*, Rn. 525.

[4] A 给予 C 房子的行为构成第 2087 条第 2 款的遗赠。由于共同遗嘱中明确指定了 A 与 B 互相为继承人。B 作为继承人所得的居住权构成提前遗赠（第 2150 条），也是所谓次遗赠，因为此时的义务人是被遗赠人 C（比较第 2147 条第 1 句）。

[5] BGHZ 66, 8, 17.

[6] 原则上提出第 2287 条主张的利益受损方应证明妨害故意，即被继承人是否有特别考量。在证明困难时，得利方应该说明该其他目的。否则，第 2287 条的请求权成立。比较：BGHZ 66, 8, 16 f.; 77, 264, 267; OLG Köln NJW-RR 1992, 200. 批判观点参见：Staudinger/*Kanzleiter*, § 2287 Rn. 11. 如果被继承人可以提出充分的可能性，则可依第 242 条请求权受赠人说明详情，参见：BGHZ 97, 188, 192 f. m. Anm. *Hohloch*, JuS 1986, 811 f.

[7] 第 2287 条是法律效果准用，比较：MüKoBGB/*Musielak*, § 2287 Rn. 21.

# 案例十三　柏林式遗嘱与再婚条款

## 关键词

土地登记簿更正请求权　先继承人的处分限制

内容矛盾的继承证书之间的推定力与公信力

## 案件事实

M与V立下共同遗嘱：

我们立继承人如下：

一、我们两人中后去世的一方

二、我们的孩子K及B

后去世的配偶在生前且未再婚时，就全部财产有自由处分之权。如果再婚，则该配偶应与孩子们依法定继承规则析产。除此以外，他们所获得的遗产以配偶中后去世一方死亡时为准。

1939年V去世。M以唯一继承人身份申请继承证书。1939年11月7日，继承证书开具，其内容为：M为不受限制的先继承人，K与B则为后继承人。

1947年，M再次申请作为唯一继承人的继承证书而未提及1939年的证书。1947年8月31日，地方法院出具了以她为唯一继承人的继承证书。

1949年6月16日，在B 18岁生日时，M将该一块完全属于V的遗产的地产让与给他。此时，该地产还登记在V的名下。很快，B被登记为新所有人。两年后，M再婚。

K现在请求B同意更正土地登记簿。其主张，M仅为先继承人，没有无偿处分权。M再婚后，地块所有权人应是包括K、B及M在内的继承人共同共有体。即便B已经有效取得请求权，继承共同体至少有所有权让与请求权。

## 问题：

K在1951年对B是否有登记更正请求权或让与请求权？

## 原始判例：

RG 25.11.1937-IV B 34/37, RGZ 156, 172;

BGH 23.11.1960-V ZR 142/59, BGHZ 33, 314.

# 解答

## 一、依第 894 条请求同意更正土地登记簿

土地登记簿之内容，就地块上权利之记载与真实权利状况有异时，真实权利人可请求登记名义人同意更正误载之内容（第 894 条）。该请求权的内容为土地登记条例第 19 条规定的更正同意。[1] 构成要件有三个：a. 登记错误，即登记内容与实际情况有异；b. 请求权人有实体法上之更正权；c. 请求之相对人为误载之形式权利人。

### （一）登记错误

如果 B 并非真实所有人，则登记内容有错。只是，即便确实有误，也不当然意味着请求权人有实体性权利。K 并未主张自己就是土地所有人，而是请求更正所有人为继承共同共有体。依第 2039 条第 1 句，继承人之一可以自己名义为所有继承人主张遗产中的请求权。第 894 条的登记更正请求权也可作为第 2039 条第 1 句的遗产内容。[2]B 目前

[1] 译者注：按德国土地登记条例第 19 条，登记内容之更改，必须得到受该更改影响的登记名义人（利害关系人）同意。因此，请求权及诉的内容就是该同意的意思表示。在所有权移转这样的一般情形中，很好理解，登记的转让，当然要出让人同意（即我国交易中所谓的“过户”）。如果登记名义人不是实际权利人，登记之更改，也需要其同意，比如实际权利人向错误的名义登记人要求更正。这是登记的绝对形式主义使然。防止其他人随意更改登记内容。

[2] 比较：BGHZ 44, 367. 依第 2039 条第 1 句，个别继承人作为共同体之一及共同债权人有权主张继承共同体之请求权。该条同时也给予继承人诉讼担当能力，也即一种法定诉讼担当（gesetzliche Prozessstandschaft）。参见：Palandt/*Weidlich*, § 2039 Rn. 6.

被登记为所有人，所以是恰当的请求相对人。[1] 由此，如果继承共同体确实是地块所有人，则 K 的请求权成立。可能的是，M 与 B 的让与行为无效，地块所有权仍然在 V 的遗产中，而 M 再婚后，后继承依第 2139 条及第 2032 条发生效力，所有权转移至 K、B 及 M 的继承共同共有体。

如果 M 在让与地块时是先继承人，则受到第 2113 条的处分限制，处分行为便无效。M 与 V 作为夫妻依第 2265 条所立的共同遗嘱中有两个条款。其可能构成先后继承。一方面，规定了孩子在双方去世后获得剩余遗产；另一方面，在再婚时配偶与孩子又按法定继承析产。两个条款在解释上都有不同可能，以下分别讨论之。

**1. 柏林式遗嘱**

遗嘱中的第一条有两种构造可能。一种可能是第 2100 条的先后继承。V 的遗产首先转移至先继承人 M；M 去世后，再转移至后继承人 K 与 B；而 M 的继承则另外单独发生（分别式方案，即与 V 的继承无关）。还有一种可能是，M 在 V 去世时是不受限制的完全继承人。在她死后，孩子们则作为最终继承人获得父母双方的遗产。在 V 死时，他的财产与 M 的财产成为一体，最后则归于孩子（**一体式方案**，即柏林式遗嘱）。

两种构造产生两种不同的实体法上结果，不同于完全继承人，先继承人受第 2113 条以下的处分限制；不同于最终继承人，后继承

[1] 依土地登记法，B 也可被登记为所有权人。尽管依第 39 条第 1 款，让与人 M 应该是登记名义人。可是依第 40 条第 1 款，继承人不受此限。M 的继承权可依第 35 条第 1 款第 1 句由出示继承证书而证明之。

人有第 2108 条第 2 款的期待权。[1] 在一体式方案中，作为被继承人子嗣的最终继承人在继承开始时被剥夺了继承权而仅有特留份请求权（第 2303 条第 1 款）；[2] 相反，在分别式方案中，后继承人仅在放弃其继承权时可依第 2306 条第 2 款及第 2306 条第 1 款第 2 句请求特留份。

个案中到底是哪一种方案，首先以解释定之。如无结果，则依第 2269 条推定为一体式方案。解释的关键在于夫妻的处分是否看上去构成一个整体。[3] 本案中，遗嘱使用了“共同财产”的措辞，且当事人意在使后去世的一方不受处分限制。当然，后者也可以解释为把该配偶安排为不受限制的先继承人（第 2136 条及第 2137 条第 1 款和第 2 款）。只是仍然缺乏其他可以解释的依据。如此，只能按照第 2269 条第 1 款解释为：M 是 V 的**完全继承人**，而孩子们则是双方的**最终继承人**。

### 2. 再婚条款

同样的情况也在于对再婚条款的法律定性。[4] 这一规定也可能被视为先后继承的安排。依第 2139 条，后继承可以于再婚时即开始，而不必等到其去世。按此，在后去世一方生前遗产即部分移转于被

---

[1] 比较：Staudinger/*Kanzleiter*, § 2269 Rn. 14, 21.

[2] 为保护在世配偶，实践中常常规定了特留份惩罚条款：子女在父母一方去世时已经请求了特留份，则在另一方去世时，也只能获得特留份。比较：BGH NJW 2006, 3064; OLG München NJW-RR 2008, 1034; OLG Celle ZEV 2010, 86; OLG Hamm BeckRS 2013, 06747; BGH ZEV 2016, 635; *Siebert*, BB 2010, 1252, 1255 f.; *Wendt*, ZErb 2012, 313.

[3] RGZ 113, 234, 240; BayObLGZ 1966, 49, 61, 408, 417. 在遗嘱中将子女称为后继承人并非重点。比较：BGH NJW 1983, 277, 278 mit zust. Anm. *Stürner*, JZ 1983, 149; KG RPfleger 1987, 111, 112; BayObLG FamRZ 1992, 1476.

[4] 再婚条款的约定可能，参见：*Heckschen/Herrler/Starke/Bengel/Dietz*, Beck'sches Notarhandbuch, 6. Aufl. 2015, C. 1 Teil V 6.

继承人，因为再婚会带来一个风险：先继承人的财产会用以照顾新的家庭，进而有害于后继承人。如此，该条款其实包含六项安排：配偶将彼此先立为继承人；然后将共同子女立为后去世一方的继承人；在该方再婚后将子女列为第 2100 条的后继承人，份额以法定继承为准。[1] 夫妻遗产的分离及子女的份额仅在再婚时有所安排。如果在世一方不再婚，则一体性原则仍被坚持。从构造上而言，必须顾及其对不同情形的考量。

通说认为，立配偶为完全继承人的表意行为**附有解除条件**，而立先后继承人的表意则**附有停止条件**。[2] 两者结合则适应了前述的不同考量。按此，条件即为再婚事实。条件成就，则配偶不再是完全继承人（第 2075 条及第 158 条第 2 款），而先后继承的安排发生效力（第 2074 条及第 158 条第 1 款）。这一事实当然也确定了后继承开始的时点。从结果上来看，其实先继承根本没有发生。因为再婚时孩子直接成为后继承人，而在世配偶并没有成为先继承人的可能（直到条件成就时，其人一直是完全继承人）。依第 158 条第 1 款，条件成就没有溯及力。所以，原来的完全继承不会被溯及修改为先继承。先继承只可能在再婚事实发生时产生，[3] 但是又依第 2139 条于后继承发生（也以再婚时点为准）时消灭。只是，即便不考虑构

[1] *Otte*, AcP 187（1987）, 603.

[2] 历来判例：RGZ 156, 172, 180. 比较：*Dippel*, AcP 177（1977）, 349（360 Fn. 57）; BGHZ 96, 198, 202 f. 比较：Staudinger/*Kanzleiter*, § 2269 Rn. 42; Soergel/*Wolf*, § 2269 Rn. 26; Palandt/*Weidlich*, § 2269 Rn. 17; Reimann/Bengel/Mayer/*Mayer*, § 2269 Rn. 61; *Schlüter*/*Röthel*, § 22 Rn. 46 ff.; *Simshäuser*, FamRZ 1972, 273, 274; *Haegele*, RPfleger 1976, 73, 75 f.

[3] 依第 159 条，条件的溯及力只可能有债权性，而非物权性效力，比较：*Leipold*, Rn. 480 Fn. 47.

造上的难点（以法律上的拟制瞬间理论尚且不能解决），这一方案还有一个问题：如果认为配偶在再婚前是完全继承人，则其不受任何处分限制。如此，则最终继承人无法对配偶就遗产的处置有任何影响的可能，进而保护自己的利益。这有悖于再婚条款约定的初衷。后者恰在于防止配偶有损其在遗产中的利益。由此，通说认为有必要类推适用第 2113 条以下对先继承人的处分限制规则。[1]

另有认为，再婚条款**并非一个停止条件**，而仅仅是一个**先后继承的解除条件**。[2] 按此，在世配偶在子女的法定继承份额范围内是先继承人；除此以外，则是完全继承人。再婚时，后继承开始。作为先继承人，受到第 2113 条以下的处分限制。其经济上的行动自由并未就此受到不当限制。因为依第 2113 条第 1 款先继承人的处分仅在有害于后继承人的权利时无效。其无效性直到后继承开始时才能确定，在此之前，原则上仍然有效。[3] 再婚最终不可能时（在世配偶死亡），则该配偶被溯及地视为完全继承人。[4] 从构造上而言，就在世配偶先继承的指定附有解除条件而完全继承则附有停止条件，条件其实是不再婚，其成就时，夫妻财产作为整体被继承（一体式

---

[1] RGZ 156, 172, 181. 未予表态：BGHZ 96, 198, 204; Staudinger/*Kanzleiter*, § 2269 Rn. 43; *Stürner*, JZ 1983, 149, 150; *Haegele*, RPfeger 1976, 73, 75; *Simshäuser*, FamRZ 1972, 273, 274 m. w. N. 反对观点：MüKoBGB/*Musielak*, § 2269 Rn. 58 f.; *Meier-Kraut*, NJW 1992, 143, 145; *Buchholz*, FamRZ 1985, 872, 883.

[2] MüKoBGB/*Musielak*, § 2269 Rn. 54; *Leipold*, Rn. 480; *Zawar*, DNotZ 1988, 544, 545 f. 保留意见：*Stürner*, JZ 1983, 149, 150.

[3] BGHZ 52, 269, 270; MüKoBGB/*Grunsky*, § 2113 Rn. 9.

[4] 比较：MüKoBGB/*Musielak*, § 2269 Rn. 54; *Leipold*, Rn. 480; FamRZ 1988, 352, 353. 不同的表述，但相同结论参见：*Wilhelm*, NJW 1990, 2857, 2860 ff.; *Lange/Kuchinke*, § 24 IV 3c ß; *Zawar*, FS *Schippel*, 1996, S. 327, 336; DNotZ 1988, 544, 545.

方案)。[1] 如果再婚，则继续发生先后继承的法律效果(即解除条件因不成就而使法律行为保有原来的状态)。如此，便与再婚条款设置的目的相符，也避免了前述通说中处分限制的问题。整体而言，比通说更为可取。

本案中，M 于再婚前，就 K 与 B 的法定继承份额，是先继承人。只是，遗嘱中规定了就整体财产"自由处分"的可能，所以 M 依第 2137 条及第 2136 条是不受限制的先继承人。不过，虽无第 2113 条第 1 款的限制，却有第 2113 条第 2 款第 1 句的限制。M 就遗产内容的无偿处分在有损于后继承人时无效。M 与 B 间所让与的地块，本来应由三人的继承共同共有体继承。因此，该处分行为依第 2113 条第 1 款无效。

### 3. 由继承证书的善意取得

可是，B 可能基于继承证书的公信力依第 2366 条及第 2113 条第 3 款取得地块所有权。[2] 从继承证书所载之继承人处以法律行为方式取得遗产中之物，则依第 2365 条的推定效力，继承证书的内容视为正确(按第 2366 条)。不过，受保护的仅是交易行为。如果是为提前安排继承结果或是为继承人之间的析产所作的让与，则不在此列。[3] 本案中，M 及 B 与 K 在后继承发生时虽然同为 V 的继承人，

---

[1] *Leipold*, Rn. 480; *Zawar*, NJW 1988, 16, 17. 如果在遗嘱中没有明确规定不受限制，则是否可以解释定之，有争议：BGHZ 96, 198, 204; *Haegele*, RPfeger 1976, 73, 76 m. w. N.; BeckOK BGB/*Litzenberger*, § 2136 Rn. 12.

[2] 依第 2365 条以下的善意取得，参见：*Medicus/Petersen*, Rn. 568 ff.; *Wiegand*, JuS 1975, 283 ff.

[3] OLG Hamm FamRZ 1975, 510, 513 f.; MüKoBGB/*Mayer*, § 2366 Rn. 11. 同样的情况也可能发生在第 892 条，比较：MüKoBGB/*Kohler*, § 892 Rn. 33 ff. 本案不涉及第 892 条，因为 M 不是登记名义人。

但是让与行为发生在后继承发生前，而非为了析产。M 也并非在于提前满足 B 的后继承权。因此，构成交易行为。

问题是，本案中有两份内容矛盾的继承证书：依第一份继承证书，M 作为不受限制的先继承人仍受第 2136 条及第 2113 条第 2 款的限制，而依 1947 年的第二份继承证书 M 是唯一继承人。两份遗嘱均未被官方撤销或宣布为失效。所以，依第 2361 条仍然有效。

B 善意取得地块所有权的前提在于，证明 M 为唯一继承人的第二份继承证书具有公信力。基于此，B 可以相信 M 作为唯一继承人不受处分限制。依第 2366 条，继承证书的公信力取决于第 2365 条的推定力。[1] 这一推定力开始于继承证书开具之时，持续至遗产法院撤回、宣布无效或取回该证书时（第 2361 条及第 2362 条）。[2] 在此期间，无论该证书是否出示或是否为取得人所知，均不影响其效力。[3] 通说进一步认为，[4] 出具了两份彼此矛盾的证书时，二者都无推定力。

这一观点不能赞同。一方面其与第 2361 条的规则相冲突。[5] 另一方面也不合于第 2365 条及第 2366 条的立法目的。前者规定了流通中的继承证书失效的要件；后者恰在于平衡真实继承人的保有

---

[1] 通说：MüKoBGB/*Mayer*, § 2366 Rn. 2; Soergel/*Zimmermann*, § 2366 Rn. 3 f. m. w. N. 相反观点：*Lindacher*, DNotZ 1970, 93, 100 f.

[2] 通说：MüKoBGB/*Mayer*, § 2365 Rn. 3 m. w. N. 相反观点：*Lindacher*, DNotZ 1970, 93, 95 ff.; *Hermingbausen*, NJW 1986, 571, 571 f.

[3] 比较：Staudinger/*Herzog*, § 2366 Rn. 5 m. w. N. 相反观点：*Canaris*, Die Vertrauenshaftung im deutschen Privatrecht, 1971, § 40 II 1; *Parodi*, AcP 185 (1985), 362, 365; *Wiegand*, JuS 1978, 145, 149 f. 通说有一点疑义，因为其实不以真实信赖为必要条件。

[4] BGHZ 33, 314, 317; 58, 105, 108; BGH FamRZ 1990, 1111, 1112; Staudinger/*Herzog*, § 2366 Rn. 35; Soergel/*Zimmermann*, § 2366 Rn. 4; MüKoBGB/*Mayer*, § 2366 Rn. 6; *Schlüter/Röthel*, § 30 Rn. 12; *Brox/Walker*, Rn. 617.

[5] *Parodi*, AcP 185 (1985), 362, 373.

利益及第三人的信赖利益。就该利益状况而言，不正确的继承证书与内容矛盾的继承证书并无差别。此时，继承证书在交易时也可以不出示：其他证书的存在并不影响继承证书作为一种**可能的**权利表象。两者其实都有第 2365 条的推定效力。[1] 因此，B 可以基于继承证书的公信力依第 2113 条第 3 款及第 2366 条善意取得地块所有权。

### （二）结论

在后继承发生时，土地登记内容并未变成错误。K 依第 894 条请求 B 同意更正登记内容的权利不存在。

## 二、返还让与请求权

继承共同体可能有基于不当得利或侵权行为的返还让与地块所有权的请求权。[2]

### （一）不当得利请求权

可能的是，K 以不当得利为整个继承共同体请求 B 返还所有权。第 812 条第 1 款第 1 句第 1 选项的请求权不存在，因为 K 与 B 之间没有给付关系。从 B 的角度来看，他接受的是作为唯一继承人的 M 的给付，而非继承共同体共同的行为。而第 812 条第 1 款第 1 句第

[1] *Parodi*, AcP 185 (1985), 362, 372 f.; *Hermingbausen*, NJW 1986, 571, 572; *Weiß*, RPfleger 1984, 389, 390; *Lindacher*, DNotZ 1970, 93, 101 f. 在多个彼此矛盾的处分并存时，仅第一个取得人受保护。

[2] *Baur/Stürner*, Sachenrecht, 18. Aufl. 2009, § 18 C I 4.

2 选项的非给付不当得利请求权也不存在，因为 B 与 M 之间有给付关系，后者具有排他效力。但是，第 816 条第 1 款第 2 句的权益侵害型不当得利则另当别论。[1] 如果取得人的得利是由无权处分人无偿处分所致，则受损人可请求返还该得利。尽管 M 是不受限制的先继承人，仍有第 2113 条第 2 款的处分限制。就地块的让与，M 并无处分权；让与行为基于赠与，因而无偿；该处分依第 2366 条有效。如此，第 816 条第 1 款第 2 句的构成要件充分。请求权成立。

### （二）侵权损害赔偿请求权

最后可能的是，依第 823 条第 1 款及第 249 条第 1 款的侵权损害赔偿请求权。返还地块所有权可依回复原状之方式实现。B 的取得确实侵害了继承共同体的所有权。具体而言，是 B 依土地登记条例第 13 条的登记行为。不过，这一行为并非不法，因为有第 2366 条的法律基础。如此，请求权不成立。

### （三）结论

K 可以向 B 依第 816 条第 1 款第 2 句请求返还让与地块所有权。

[1] BGHZ 81, 395, 396 f.

# 案例十四　遗产分配安排与提前遗赠的差别

## 关键词

部分析产　遗嘱的撤销　共同遗嘱中相互处分的拘束力

## 案件事实

F 与 M 夫妇按份共有一块价值 50000 元的无负担地块，两人份额相同。他们在那里经营一个园圃。他们的其他财产还包括一个共同账户，有存款 30000 元，及 M 的邮票收藏，价值 10000 元。

夫妻双方立下一份遗嘱，由 M 手写，两人各自签名："我们中的一方去世后，在世一方为唯一继承人。其过世后，我们的三个儿子 A、B 及 C 以相同份额继承一切。不过，地块只可由 A 取得（相应抵扣其继承份额），并继续按我们的理念经营园圃。作为补偿，B 与 C 各从 A 处取得 10000 元。"

不久以后，F 去世。M 取得了遗产。三个儿子没有异议。

一年后，M 患病。于是他写信给 A，让他立即接手园圃。A 有所迟疑，因为他作为投资银行家已经收入丰厚。M 则对儿子的犹豫非常不满。他又亲笔（手书并签字）立下遗嘱："我的儿子 A 显然对园丁的职业不感兴趣。他不可以再取得地块。"

很快，M 去世。

A 现在已考虑清楚，决定接手园圃，并会向 B 与 C 支付预定的补偿金。他之前的犹豫主要是因为这个人生决定过于重大。他也认为 M 并不能取消共同遗嘱。不过，为了保险起见，他还是向 B 与 C 撤销了 M 的第二次安排。后者则不同意 A 的说法。无论如何，A 所期待的遗产分配方式已经不再可能。

## 问题：

A 是否可以在支付补偿金的情况下请求让与不动产？

## 原始判例：

BGH 14.3.1984-IVa ZR 87/92，NJW 1985，51；

BGH 23.5.1984-IVa ZR 185/82，FamRZ 1985，62；

BGH 28.1.1987-IVa ZR 191/85，FamRZ 1987，475.

# 解答

## 一、A 的继承人地位与遗产分配安排中的地块归属

如果在 M 死后 A 与 B 及 C 同为继承人，且 A 依 M 就析产所作的安排应取得土地时，则 A 的请求可依第 2042 条第 1 款及第 2048

条第 1 句成立。

## （一）M 死后的继承

M 与 F 在其共同遗嘱中立对方为唯一继承人，并将其三个儿子立为两人的最终继承人（第 2265 条、第 2267 条及第 2269 条第 1 款）。

## （二）遗产分配安排与提前遗赠的区别

### 1. 遗产分配安排

依第 2048 条第 1 句，被继承人可以临终处分方式安排继承共同体析产的具体分配。该分配安排并不影响共同关系中个别遗产归属于共同共有体的基本特性。[1] 但是，个别继承人在析产时可以请求其他继承人遵照被继承人的事先安排而依继承份额分配个别遗产。[2]

### 2. 提前遗赠

与遗产分配安排相区别的是提前遗赠（第 2150 条）。提前遗赠的特点在于被遗赠人（第 2150 条）同时也是继承人。其在继承法上的地位在许多方面优于基于遗产分配安排取得特定遗产的继承人。

作为被遗赠人在析产之前即可受偿其权利（第 1967 条第 2 款、第 2046 条及第 2047 条第 1 款）。然后，在析产中再可以取得相应于继承份额的遗产。换言之，权利人通常在继承开始时（第 2176 条）

[1] Palandt/*Weidlich*, § 2048 Rn. 4; MüKoBGB/*Ann*, § 2048 Rn. 8.

[2] Palandt/*Weidlich*, § 2048 Rn. 4; *Kipp/Coing*, § 44 III; *Brox/Walker*, Rn. 524.

即可请求履行；而遗产分配安排则要等到遗产债务清理完毕后的析产时才能得到执行（第 2046 条第 1 款及第 2047 条第 1 款）。受遗赠人也可以放弃遗赠，而被继承人所作的遗产分配安排则有拘束力。提前遗赠之内容也推定不在后继承的范围内（第 2110 条第 2 款）。该遗赠也具有继承契约及共同遗嘱的拘束效力（第 2278 条第 2 款及第 2270 条第 3 款），而遗产分配安排则没有。[1]

**3. 共同遗嘱的解释**

遗产分配安排通常只在于给析产提供技术性的辅助，而提前遗赠则是在继承人之间作财产的移转。[2] 具体情形中到底是哪一种，应由解释定之（第 133 条）。

本案中，M 在共同遗嘱中提到，A 按其继承份额单独取得地块所有权，相应补偿 B 与 C 各 10000 元。如此，则有以下几种可能。

首先可能的是**遗产分配安排**。此时，A 依第 2048 条第 1 句取得地块，相应抵扣其继承份额。而地块价值超过其应得份额的 20000 元（50000–90000 × 1/3），应分别向 B 与 C 进行补偿。[3]

其次该遗嘱也可理解为 A 的取得是基于附双重停止条件的**提**

---

[1]　MüKoBGB/*Ann*, § 2048 Rn. 8; *Schlüter/Röthel*, § 36 Rn. 32 ff.; *Kipp/Coing*, § 44 II 3; *Coing*, JZ 1962, 529, 530; *Mattern*, DNotZ 1963, 450, 454 ff.; *Loritz*, NJW 1988, 2697, 2699.

[2]　BGHZ 36, 115, 119.

[3]　BGHZ 82, 274, 279; BGH FamRZ 1985, 62, 63; NJW 1985, 51, 52; FamRZ 1987, 475, 476; *Leipold*, Rn. 748. 被继承人不可以要求受遗赠人以自己财产承担补偿义务。*Eidenmüller*, JA 1991, 150, 155 Fn. 42. 不同观点：BGHZ 82, 274, 279; BGH FamRZ 1985, 62, 63. 他只可以以停止条件方式作出安排。

**前遗赠**：A 需以遗赠价值抵扣其遗产份额，[1] 以及他向 B 与 C 各支付 10000 元（第 2150 条及第 2177 条）。[2] 条件成就后，遗赠效果发生。

最后可能的是遗产分配安排与提前遗赠的**结合**：[3] 指定地块归属 A 的表意是依第 2048 条第 1 句的遗产分配安排，相应抵充其继承份额。就超过的 20000 元额度，构成**价值性遗赠**，并附有向 B 与 C 各支付 10000 元的停止条件。[4] 该遗赠的负担人则是 B 与 C。A 接受继承及遗赠后，可以通过析产取得地块所有权并支付 B 与 C 补偿金，进而实现其遗赠请求权。

现在的问题是，应以何种标准判断上述可能。

第 1939 条之遗赠指被继承人向特定人给予特定财产利益。所谓给予，指以法律行为方式让与特定物。[5] 受遗赠人须取得**客观上之财产增益**，且该财产增益之归属系由处分人之**主观意愿**所实现。

联邦法院本来将财产增益解释得较为宽泛，个别继承人取得特定遗产内容之权利（相应抵充其继承份额并补偿其他继承人）即为

---

[1] *Johannsen*, WM 1977, 270, 276. 构造上可能的是将抵充规定视为分配安排；分配地块也以提前遗赠方式实现。BGH LM § 2048 Nr. 5a; *John*, Rn. 481; MüKoBGB/*Rudy*, § 2150 Rn. 6; *Dieckmann*, FS *Coing* Bd. I, 1982, S. 53, 64; *Mattern*, DNotZ 1963, 450, 463. 不同观点：Staudinger/*Otte*, § 2150 Rn. 9; *Lange/Kuchinke*, § 29 V 1d; *Coing*, JZ 1962, 529, 533.

[2] *Johannsen*, WM 1977, 270, 276; *John*, Rn. 481. 构造上可以将补偿义务看成次遗赠（第 2147 条第 1 句第 2 选项及第 2186 条）。

[3] BGH NJW 1985, 51, 52; FamRZ 1985, 62, 63; 1987, 475, 476; *John*, Rn. 481.

[4] 依第 2150 条的法定定义，这里也构成提前遗赠。只是该认定并无意义，因为，不存在共同关系遗产债务时，A 没有共同责任（第 2046 条第 2 款及第 2058 条）。Palandt/*Weidlich*, § 2150 Rn. 2 u. § 2059 Rn. 8; *Johannsen*, WM 1972, 866, 870.

[5] *Eidenmüller*, JA 1991, 150, 154; *Mattern*, DNotZ 1963, 450, 460.

已足。[1] 此后，其认定标准逐渐严格：相较于按继承份额取得部分遗产，提前遗赠必须是一个**客观的价值移转**。[2] 不过，联邦法院后来又明确扩张了对财产利益的解释：[3] 客观上的财产移转只有推定效力。[4] 在没有该情形时，不意味着不存在对个别继承人的提前遗赠。[5] 标准只在于被继承人所安排的遗产分配。[6]

按此判例，本案中的问题是，M 是否希望通过分与地块的方式使 A 取得财产上之增益。考虑到不动产价值的特殊性（永久不可替代性），即便需抵充其继承份额并补偿其他继承人，这一点仍然可能。[7]

然而，判例的扩张解释并不妥当。因为，第 1939 条的文义倾向于认为在受遗赠的继承人取得**经济上**更加有利的地位时才有所谓财产增益。[8] 如果只是取得在价值上没有差别的物品，则不存在该地位。尽管在货币价值不稳定时以价金方式取得不可替代的实物（如地块）可以被视为一种财产增益。但是，土地价格本身也会随市场

[1] BGHZ 36, 115, 117; BGH LM § 2048 Nr. 5 u. 5a; Staudinger/*Otte*, § 2150 Rn. 11; MüKoBGB/*Rudy*, § 2150 Rn. 6; Soergel/*Wolf*, § 2048 Rn. 9; *Mattern*, DNotZ 1963, 450, 460. 不同观点：*Kipp/Coing*, § 44 II 4; *Grunsky*, JZ 1963, 250, 252.

[2] BGH NJW 1985, 51, 52; BGH FamRZ 1985, 62, 63; 1987, 475, 476.

[3] BGH ZEV 1995, 144, 145.

[4] *Skibbe*, ZEV 1995, 145.

[5] BGH ZEV 1995, 144, 145.

[6] BGH NJW 1998, 682; Staudinger/*Otte*, § 2150 Rn. 11; MüKoBGB/*Rudy*, § 2150 Rn. 6; *Lange/Kuchinke*, § 29 V 1d; Palandt/*Weidlich*, § 2048 Rn. 6.

[7] BGH LM § 2048 Nr. 5a; *Mattern*, DNotZ 1963, 450, 460; *Johannsen*, WM 1972, 866, 866 f. 不同观点：*Kipp/Coing*, § 44 II 4; *Grunsky*, JZ 1963, 250, 251 f.

[8] *Eidenmüller*, JA 1991, 150, 152; *Grunsky*, JZ 1963, 250, 251; *Strohtmann*, Jura 1982, 349, 356.

变化而下滑。[1]在抵扣继承份额并需补偿其他继承人的情况下取得土地，通常不会产生超过市场价值以外的经济利益（除非极端巧合的情形）。这一限缩解释与第 1940 条对负担的法定定义相符。后者所指的请求给付之权利并不包含第 1939 条的财产增益。立法者其实明确区分了财产增益和给付两个概念。遗赠的内容只是一种财产增益，不必然是一项给付。还可以参考的是第 2049 条第 1 款，其中规定了取得遗产中之农场的权利。就其估值，以收益价值为准。后者往往低于农场的交易价值。[2]只有在这一**特别情形**中取得权本身即构成财产上之增益（实际取得的利益大于遗产分配时的估值）。其他情况下受遗赠人所取得的**法律上的**有利地位尚且不意味着**经济上之利益**。[3]如果被继承人规定给予的特定财产应抵充继承份额并补偿其他继承人，则更为适当的构造是**典型的**遗产分配安排，即对析产所作的技术性指示。

地块价值超过继承份额的部分也不是所谓价值性提前遗赠。如果受遗赠人放弃继承份额而非遗赠时，该构造在技术上的问题便暴露了出来。由于此时遗产分配安排已无意义（继承人地位因放弃而不存在，自然不参与析产），受遗赠人应该可以依第 2176 条提前主张其价值性遗赠的金额（减去对其他继承人之补偿）。[4]但是，作为遗产债务（第 2046 条第 1 款）的价值性遗赠的具体金额其实要等

---

[1] *Eidenmüller*, JA 1991, 150, 152.

[2] MüKoBGB/*Säcker*, EGBGB Art. 137 Rn. 1.

[3] *Eidenmüller*, JA 1991, 150, 151; *Grunsky*, JZ 1963, 250, 251 f.; BGH NJW 2001, 2883.

[4] *Rudolf*, FamRZ 1985, 63, 64.

到其他遗产债务（尤其是遗产费用债务）清偿以后才能最终确定。[1] 如此，履行该提前遗赠其实附有遗产剩余的停止条件（第 2177 条）。这与法律所预设的遗产清算顺序完全颠倒。[2] 所以，**价值性遗赠**的构造**不能赞同**。

被继承人的处分行为虽然没有客观上的财产增益，但是如果主观上恰在于实现遗赠的法律效果，则仍可能以对第 1939 条进行**目的性扩张**的方式认定提前遗赠。[3]M 与 F 之所以将地块分配给 A 的目的在于使其家族产业得以继续。对他们而言，A 是继续经营园圃最合适的人选。M 认为该项分配在 F 死后仍然可以撤回。依第 2270 条及第 2271 条第 3 款相互处分的拘束效力，这一点其实并不可能。另外，遗产中尚有共同账户中的 30000 元存款。因此，不会出现为了清偿遗产债务在析产前即依第 2046 条第 3 款变卖地块的风险。分配也就不必要认定为遗赠。[4] 还有一种可能是，M 与 F 进行提前遗赠的目的在于使 A 尽快取得地块，以阻止继承共同体（所有继承人）依第 2038 条经营园圃的情况出现。只是，这一共同管理其实不能持续很久。而且被继承人也可以通过部分析产的方式实现其目的，不必非以遗赠的方式。由此，解释遗嘱真意，不能认定 M 与 F 就地块的分配行为构成遗赠。对第 1939 条的目的性扩张并不可能。

[1] 比较：*Schlüter/Röthel*, § 31 Rn. 18 ff.

[2] 译者注：理论上应该先清偿作为遗产债务的遗赠，然后再析产。但实际上，价值性遗赠中价值额度只能到最后才能确定。

[3] *Eidenmüller*, JA 1991, 150, 152; *Loritz*, NJW 1988, 2697, 2703 ff.; *Bürger*, MDR 1986, 445, 447.

[4] 译者注：变成一个先于析产而作为遗产债务的特定物之债。

综上，M 的处分应被认定为**遗产分配安排**。超过继承份额的 20000 元，可能构成价值移转性的分配。[1] 但是分配安排只能就应有的份额在析产时作进一步的指定。价值移转则已超过该界限。如果被继承人希望给予继承人超过其应继份额的财产利益，则应通过遗赠实现。[2] 本案中，遗嘱规定了就超过价值的补偿义务。如此，所谓的价值转移便不存在。鉴于份额抵充及补偿义务的规定，M 对 A 的分配只是纯粹遗产分配安排（第 2048 条第 1 款）。依第 2048 条第 1 句及第 2042 条第 1 款，A 对 B 与 C 有所谓析产方式选择请求权。继承共同体让与 A 地块所有权（第 873 条及第 925 条），相应抵扣其继承份额，并使 B 与 C 各取得价值补偿 10000 元。[3]

### （三）遗产分配安排的撤回

M 以第 2247 条的方式撤回了对 A 所作的分配安排。依 M 与 F 所选择的一体式方案（第 2269 条），在 F 死后，两人的财产合并为 M 的个人财产。F 所作的分配安排已无意义，因为 A、B 及 C 不再是 F，而仅是 M 的继承人。有意义的也只有 M 的遗产分配安排。这一安排可由 M 通过合乎形式的撤回遗嘱（第 2253 条及第 2254 条）有效撤回。[4]

---

[1] 比较：BGH LM § 2048 Nr. 5.

[2] BGHZ 82, 274, 279; BGH NJW 1985, 51, 52; FamRZ 1985, 62, 63; 1987, 475, 476; 1990, 396, 397; *Dieckmann*, FS *Coing* Bd. I, 1982, S. 53, 64 f.; *Loritz*, NJW 1988, 2697, 2705; *Eidenmüller*, JA 1991, 150, 155.

[3] 实践中，析产的执行是通过继承人之间的多方析产契约实现。如果被继承人没有事先安排，各继承人只能以诉讼方式请求其他继承人同意自己提出的析产方案。如果诉讼得胜，则依民事诉讼法第 874 条拟制同意。

[4] 依 M 的意愿，并不存在对 A 的继承权的剥夺（第 1938 条、第 2253 条、第 2254 条及第 2089 条）。而且，此种排除继承也为第 2271 条第 2 款所不许。只可能是依第 140 条转解释为遗产分配安排。

### 1. 撤回依第 2271 条第 2 款无效

要考虑的是第 2271 条第 2 款的情形。在 F 死后，M 依第 2271 条第 2 款受到共同遗嘱中夫妻互相处分的拘束。依第 2270 条第 2 款第 2 选项，在 F 立 M 为继承人而 F 死后 M 又立 A、B 及 C 为最终继承人时，推定为相互处分关系。只是，依第 2270 条第 3 款，前述规则只适用继承人的确立、遗赠及负担等，而不适用于遗产分配安排，即便共同遗嘱人希望彼此受该安排的拘束。[1] 所以，第 2271 条第 2 款在以遗嘱方式撤回（第 2253 条及第 2254 条）遗产分配安排时没有适用余地。

### 2. 撤回依第 142 条第 1 款无效

就遗产分配安排的撤回也可能依第 142 条第 1 款无效。A 向 B 与 C 表意撤销了撤回遗嘱。由于 A 可以直接从撤销后果得利，因此是第 2080 条第 1 款撤销权人。依对第 2081 条第 1 款的反向解释，及第 143 条第 4 款，撤销表意的相对人是撤回遗嘱的得利人，[2] 即 B 与 C。M 对 A 继续经营的决心有所误认。撤销原因是第 2078 条第 2 款的动机错误。由此，M 以遗嘱方式对遗产财产安排的撤回依第 2078 条第 2 款、第 2080 条第 1 款和第 142 条第 1 款无效。

## 二、部分析产请求权

最后的问题是，A 是否可以基于 M 的分配安排依第 2042 条第 1 款及第 2048 条第 1 句请求仅涉及地块的**部分析产**。第 2042 条的析

[1] Palandt/*Weidlich*, § 2270 Rn. 13. 继承契约有相同法律状况（第 2289 条第 1 款第 2 句及第 2278 条第 2 款）。

[2] 比较：Palandt/*Weidlich*, § 2282 Rn. 5.

产请求权原则上针对遗产**整体**的分配，并以被继承人的分配安排为准（第 2048 条第 1 句）。[1] 不过，继承人之间可以合于一定的目的**约定**就特定继承人或特定遗产的部分析产。

在其他继承人**不**同意时，个别继承人不能请求**个人**份额的部分析产。对所有继承人而言，较为便利的是，关于遗产的所有争议在一次程序中一起解决。[2] 相反，个别遗产**内容**可以先单独划出，而不影响到存在于其他遗产上的共同共有关系。在遗产债务不存在且不会损害继承共同体及其他个别继承人利益时，个别请求即为可能。[3] 如果内容较多的遗产在析产时有许多问题需要澄清，个别继承人持续等待数年以上并不合理。[4] 而且，共同关系管理遗产的方式（第 2032 条第 2 款及第 2038 条第 1 款）可能无法实现遗产内容经营收益的持续效率最大化。

本案中恰是这种情况。首先不存在遗产债务。以 A、B 及 C 继承共同体内多数决的方式（第 2038 条第 2 款及第 745 条）根本无法实现对园圃的持续有效经营。所以，A 依第 2042 条第 1 款及第 2048 条第 1 句就遗产部分分配（地块）的请求权成立。同时需抵充其继承份额，并补偿 B 与 C 各 10000 元。

[1] BGH NJW 1985, 51, 52; OLG München ErbR 2010, 262, 265 f.; Palandt/*Weidlich*, § 2242 Rn. 10 f.; MüKoBGB/*Ann*, § 2042 Rn. 18; Staudinger/*Löhnig*, § 2042 Rn. 3; *Leipold*, Rn. 745; *Lange/Kuchinke*, § 44 III 2a; *Emmerich*, JuS 1962, 269, 270.

[2] 通说：BGH NJW 1985, 51, 52.

[3] 通说：BGH NJW 1985, 51, 52; LM § 2042 Nr. 4; OLG Köln NJW-RR 1996, 1352; Palandt/*Weidlich*, § 2042 Rn. 11; MüKoBGB/*Ann*, § 2042 Rn. 19; Soergel/*Wolf*, § 2042 Rn. 40; *Emmerich*, JuS 1962, 269, 270.

[4] MüKoBGB/*Ann*, § 2042 Rn. 19; Staudinger/*Löhnig*, § 2042 Rn. 59.

# 案例十五　特留份

## 关键词

特留份的补足　不需补足特留份的赠与　第 2324 条的期间起算

## 案件事实

寡妇E有一儿一女，S与T。E于2010年去世，之前以遗嘱方式立T为唯一继承人。遗产的价值为16000元。在1999年时，70岁的E在一份公证赠与契约中承诺赠与T一项房产，其上附有一个用益物权。后者是E在将地块登记于T名下之前为自己所设定。该房产的价值在赠与及让与登记时为300000元，在继承开始时为320000元（已折算通货膨胀的差价）。1999年时，该地块的年净收益为15000元，在继承开始时则为16000元（已折算通货膨胀的差价）。1999年时，E还赠予了S现金40000元以自由支配。两项赠与中，E并未指明给予内容在特留份中需抵扣。就给予的补偿问题也未涉及。2010年，S得知了E的死讯及其遗嘱。他向T请求特留份。

## 问题：

一、S 可向 T 请求什么？

二、假设 S 直到 2016 年才得知赠与地产之事，然后才向 T 提出请求。T 则主张此时（2016 年）已经过了时效。

提示：

终身用益权的价值取决于地产的年净收益及与权利人的寿命相关的诸多因素。依价值估算法第 14 条的附件 9，一个 70 岁的女性，1999 年时该用益权的价值为年净收益乘以 9；依联邦财政部于 2009 年 10 月 1 日对价值估算法第 14 条第 1 款的适用意见（BStBl. I 1168），2010 年时的价值为年净收益乘以 9.633。

## 原始判例：

BGH 9.3.1988-IVa ZR 272/86，BGHZ 103，333；

BGH 30.5.1990-IV ZR 254/88，NJW-RR 1990，1158；

BGH 27.4.1994-IV ZR 132/93，BGHZ 125，395.

## 解答

### 一、S 对 T 的请求权

#### （一）第 2303 条第 1 款第 1 句的特留份请求权

S 对 T 可能有依第 2303 条第 1 款第 1 句特留份请求权。

**1. 依死因处分剥夺 S 的法定继承权**

如果 S 的法定继承权被剥夺，则可请求应继份额一半的特留份。按基本法第 14 条第 1 款第 1 句对继承权的保障及基本法第 6 条第 1 款对家庭的保护，立法者有义务确保近亲属对遗产有一定的分享，[1] 因为被继承人对近亲属在死后有照管义务。[2] 不过，这一权利作为法定继承权的补充并不以物权方式，而是债权性金钱请求权的方式存在。[3] 如此，被继承人**实际上**只对其财产的一半有死因处分自由。[4]

S 是被继承人的儿子，依第 1924 条第 1 款为法定继承人。继承权之剥夺可通过明示（第 1938 条）或默示的意思表示。[5]E 通过立 T 为唯一继承人，已默认排除 S 的继承可能。依第 2333 条第 1 款及第 2336 条有效排除特留份的可能也不存在。[6] 所以，S 的特留份请求权成立。

**2. 特留份的额度**

其次的问题是，可以请求的内容具体是多少。

（1）法定应继份的一半作为特留份

依第 2303 条第 1 款第 2 句，特留份为法定应继份的一半。后者取决于特留份请求权人在法定继承（第 1924 条以下）时本来应当获

[1] BVerfGE 112, 332, 348 ff.; *Lange/Kuchinke*, § 37 III 4; *Schlüter/Röthel*, § 38 Rn. 2; *Leipold*, Rn. 821 ff.

[2] *Brox/Walker*, Rn. 542.

[3] *Lange/Kuchinke*, § 37 I 2; *Brox/Walker*, Rn. 542; *Schlüter/Röthel*, § 38 Rn. 3; *Leipold*, Rn. 828.

[4] *Lange/Kuchinke*, § 37 II 1.

[5] Palandt/*Weidlich*, § 2303 Rn. 2; *Brox/Walker*, Rn. 544; *Schlüter/Röthel*, § 38 Rn. 9.

[6] *Arnold*, Hereditare 1, 2011, 37.

得的继承份额。[1] 依第 1924 条第 1 款及第 4 款，S 与 T 各继承一半的遗产。按此，特留份应为遗产的 1/4。具体数目由该比例乘以遗产总价值，[2] 后者以第 2311 条为准。遗产价值为 160000 元时，S 的特留份请求权应为 40000 元。

（2）补偿（Ausgleich）义务

不过，如果 S 就其所取得的给予（40000 元）需依第 2050 条第 1 款补偿其他继承人，特留份可能需依第 2316 条第 1 款第 1 句另作计算。只是该构成要件在这里并不充分。E 的给予并非婚嫁或立业之资（第 1624 条）。该赠与也不是第 2050 条第 2 款的收入，因为缺乏长期反复给予的目的。[3] 而被继承人也未指定补偿义务，第 2050 条第 3 款没有适用余地。如此，S 并不需要依第 2315 条第 1 款以赠与内容抵扣特留份。

### （二）依第 2325 条第 1 款的特留份补足（Ergänzung）请求权

S 对 T 可能尚有第 2325 条第 1 款的**特留份补足请求权**。该构造旨在阻止被继承人于生前将遗产之大部赠与他人以减少遗产价值，[4] 进而侵害特留份权利人的利益。这一请求权的相对人（债务人）原则上是继承人，即便受赠人并非继承人本人，而是第三人。后者则

---

[1] Palandt/*Weidlich*, § 2303 Rn. 13; *Brox/Walker*, Rn. 544. 依第 2310 条第 1 句确定份额时，也要计算被剥夺继承权的、放弃继承权的及有不当行为的继承人的原有份额。相反，依第 2310 条第 2 句，在继承开始前既与被继承人约定放弃继承的法定继承人（第 2346 条），不在考虑之列。

[2] *Leipold*, Rn. 832; *Schlüter/Röthel*, § 38 Rn. 27 ff.; *Brox/Walker*, Rn. 547.

[3] Palandt/*Weidlich*, § 2050 Rn. 8.

[4] 比较第 2333 条至第 2338 条。

可以是特留份补足请求人以外的任意第三人（甚至包括继承人及其他特留份权利人），其返还责任依第 2329 条仅在特别要件下成立。[1]如此，继承人向第三人为第 2325 条的赠与时，S 可请求 T 补足因赠与而减少的特留份份额，即在没有赠与时的应得特留份减去赠与后特留份的差额。按此，需先在遗产的现有价值上增加赠与的价值，再乘以特留份比例，其积为应得特留份；最后减去现实特留份的价值，所得的差即为特留份补足请求权的内容。[2]

**1. 赠与行为**

首要的构成要件是存在一个赠与行为，即被继承人对第三人的无偿财产给予。第 2325 条第 1 款包括了第 516 条第 1 款的实践赠与及第 518 条第 1 款的许诺赠与。[3]E 在经公证的赠与契约中负担让与地块的义务，只是她同时为自己设定了终身**用益权**，在所有权移转后可以继续占有该地块（第 1030 条第 1 款）并享受其收益（第 1036 条）。[4] 如此，要回答的是给予的内容具体是什么。

用益权作为定限物权与所有权的差别在于，权利人没有对物处分权。T 在 1999 年过户后成为土地所有人，而无任何对待给付义务。

---

[1] MüKoBGB/*Lange*, § 2325 Rn. 15. 继承人受赠时，存在一个指向他作为继承人的请求权（第 2325 条）及另外一个指向他作为受赠人的请求权（第 2329 条）。比较：RGZ 80, 134, 136; BGHZ 107, 200, 202 ff.

[2] Palandt/*Weidlich*, § 2325 Rn. 3; *Schlüter*/*Röthel*, § 38 Rn. 70 ff.; *Leipold*, Rn. 846.

[3] Palandt/*Weidlich*, § 2325 Rn. 8; *Schlüter*/*Röthel*, § 38 Rn. 61 f. 就混合赠与中的无偿部分负有补足义务（比较：OLG Köln FamRZ 1992, 480）。同样，客观上的无偿无名给予也会产生特留份补足请求权，即便夫妻之间就无偿性并无合意（BGHZ 116, 167, 169 f.; Palandt/*Weidlich*, § 2325 Rn. 10）。当然，客观上的无偿性指该给付不构成一种实质上的对待给付，如为了偿付扶养、养老及劳务等费用支出。

[4] 设定自己用益权并无不可：第 873 条的合意要件仅在保护所有人。后者当然可出于利于自己的目的以单方表意方式设定负担。

此后，T 可任意转让该地块或设定负担。[1] 这一**权能**（所有权与用益权的差额）是他从 E 处无偿取得的。由于第 516 条第 1 款就赠与的法定定义只提及了给予而未作具体细分，所有权与用益权的差额当然也可作为赠与的对象（给予的内容本质上不是完整的所有权）。就此在混合赠与中也可见一斑。此时对待给付中一方的价值远大于另一方，并不影响认定其为赠与。

但是，在 E 于 2010 年去世后，用益权依第 1061 条消灭。如此，前述的赠与内容也可能是一个**无负担的所有权**，因为地上负担已不存在。这一点其实也是当事人最初所设想的，1999 年赠与契约是后来最终无偿取得完整所有权的法律原因。假设该法律原因的效力有问题，则 T 应该依第 818 条第 2 款返还无负担的全部价值，而非仅所有权及用益权的差价。由此，赠与的内容似乎应认定为整体所有权。

可是，仅依第 2325 条**作经济价值的观察**并不妥当。对特留份权利人而言，不能以赠与物仍在遗产内的假设为准，而应考虑受赠人可能为赎买而偿付的对价，[2] 因为被继承人作为用益权人直到去世为止的收益享受其实已经以节省之费用的方式归入了遗产；[3] 而 E 从 1999 年至 2010 年本来也可以将该地块出租并收取租金，进而成为储蓄，并最终成为遗产。[4] 由于用益本来已构成土地价值的一部分，因此不能再一次计入而加进土地价值中。所以，赠与的内容其实还

---

[1] 比较：*Kollhosser*, AcP 194（1994），231，264.

[2] BGHZ 118，49，52.

[3] BGH NJW 1992，2887.

[4] 比较：BGHZ 118，49，52.

是**用益权与所有权的差价**。[1]

物的经济价值等于其所有用益总和的价值。[2]后者取决于事先可以预估的年度最大**可能用益**的总和。[3]就用益权而论，具体表现为从设定该权利之时至权利人死亡时可以获得的用益。在此之后，用益才归属于所有权人。如此，用益权人寿命越长，则可以越久地取得收益，也就取得了更多总体可能收益的份额。相应地，所有权人未来的可能收益也会越少。前述所有权人无偿取得的处分权能的经济价值其实就是将来可能收益的总和：取得人支付价金的期待就在于将来可以使用该物。因此，将无负担的地块的所有用益价值（即地块价值）减去用益权的用益价值而得到的**将来用益价值**即赠与的实际价值。[4]用益权的价值来自每年的土地净收益乘以一个因数，后者取决于用益权人的预期寿命。[5]就此，价值估算法第 14 条之附件 9 的表格提供了基本指标，2009 年后的情事还需参考联邦财政法院比照联邦死亡统计表就价值评估法第 14 条的适用意见。1999 年时 T 受赠的价值应为地块价值 300000 元减去用益权的整体价值 135000 元（依前述价值估算法第 14 条附件 9，70 岁女性预期寿命的相关因数为 9。15000 元乘以 9 等于 135000 元）所得的将来用益

[1] 译者注：遗产一方面因用益对价免除而增加（费用节省），另一方面因租金失去而减少，两者正好抵销，只考虑用益权价值本身对遗产的影响即可。

[2] *Kessler*, BB 1985, 1386, 1388.

[3] *Kessler*, BB 1985, 1386, 1388.

[4] 比较：BGHZ 118, 49, 52; BGH WM 1996, 684, 687.

[5] 用益权的具体估价有争议：少数说认为应就死亡之时的情形作评估（Staudinger/*Olshausen*, § 2325 Rn. 103 f.; *Mayer*, FamRZ 1994, 739, 744; *Pentz*, FamRZ 1997, 724, 728）。通说则认为，应以赠与时对被继承人寿命的预期为准（Soergel/*Dieckmann*, § 2325 Rn. 39; *Reiff*, ZEV 1998, 241, 247）。

价值，最终结果为 165000 元。

### 2. 第 2325 条第 3 款的时间限制

依第 2325 条第 3 款第 2 句，如果该赠与于继承开始时已经过**十年**，则不再考虑。如果尚在十年之内，则依第 2325 条第 3 款第 1 句，逐年（pro rata）递减其计入遗产的额度（每年递减 10%）。

（1）起算的时间点

第 2325 条第 3 款规定十年期间的起算点是赠与关系中的给付完成时。至于具体何时可认定为给付完成，则有争议。在公证契约作成时尚不构成。因为此时受赠人仅取得了基于契约关系的赠与物让与请求权。问题只在于，到底是给付行为发生时即构成，还是要等到给付结果产生时。

联邦法院原来以**给付行为**本身为准。在赠与人完成自己方面所必要的步骤后，除斥期间即开始起算。[1] 按其观点，为了公平顾及受赠人的利益，赠与内容是否计入特留份补足部分的待定状况不可以长久不决，因为时间过去太久之后赠与情事的澄清会越来越困难，且赠与物与遗产的联系也会越来越微弱。[2] 该观点值得赞同之处在于给付行为本身可以为期间的起算确定一个简明的标准。只是，这样一来使得被继承人一方面可以事先安排遗产以使特留份请求权落空，[3] 另一方面又不会失去对土地的占有使用（通过设定自己用益权的方式）。本案中，E 于 1999 年时既依土地登记簿第 19 条作出了登记名义转让的同意而完成了给付行为中最后的必要步骤。继承发生

---

[1] BGH NJW 1970, 1638, 1639.

[2] BGH NJW 1970, 1638, 1639.

[3] BGHZ 98, 226, 229; *Lange/Kuchinke*, § 37 X 4a Fn. 491 a. E.

时（2010 年），该赠与行为已经经过了十年。依第 2325 条第 3 款，在计算特留份补足额度时便不再考虑。

联邦法院后来放弃了该观点。[1] 为不使特留份权利人的利益受损，在认定第 2325 条第 3 款的期限起算时，“应确保被继承人因赠与而确实丧失其财产至十年，进而防止所谓恶意的赠与”[2]。如此，赠与的结果必须使赠与物的价值确实从被继承人财产**经济价值中分离**。[3] 按立法者的意思，设置第 2325 条第 3 款时间限制的原因在于，经过十年之后被继承人的近亲属已经习惯了赠与的后果，后者不再被认为是恶意侵害了特留份权利人的利益。[4] 第 2325 条第 3 款第 3 句的规定（夫妻之间赠与的起算时间为婚姻关系终止时）也说明，关键的要点是赠与人**实际上**不再支配赠与物。[5] 在后来的判决中，联邦法院进一步补充到，第 2325 条第 3 款中给付完成的标志不仅在于被继承人放弃其作为所有权人的法律地位，更在于其放弃了对赠与物的使用。[6] 如果被继承人既让与了所有人的登记名义，又保留了赠与物的用益可能，则不构成给付。[7] 本案中，E 对土地的用益一直持续至他去世时，则直到此刻，给付才算完成。依第 2325 条第 3 款，在计算特留份补足额时仍需考虑该赠与物，且不存在第 2325 条第 3 款第 1 句的逐年递减问题。

---

[1] BGHZ 98, 226.

[2] BGHZ 98, 226, 233.

[3] BGHZ 98, 226, 233.

[4] BGHZ 98, 226, 231 f.

[5] BGHZ 98, 226, 232.

[6] BGHZ 125, 395.

[7] BGHZ 125, 395, 398.

理论中对该判例大体赞同。[1] 期限的起算通常以给付结果产生时为准。[2] 主要取决赠与物或权利的让与时间点。如果赠与人保留了用益可能而使前述法律上的结果与经济上的结果不相符合时，则期限迟至赠与人完全失去其财产时起算。[3] 不过，有疑义的是，在设定用益权时，到底何时才算是完全失去其财产之时。部分观点认为是继承开始时，因为被继承人的实际经济状况在赠与前后并无差异。赠与人可以任意使用土地，或将其出租以收取租金。[4] 另一种观点则认为，赠与人不能再处分赠与物时其实也受有损失。[5] 折中说则认为，原则上期间自继承开始时起算，但是要抵扣继承开始前十年内用益权因权利人的寿命预期递减所失去的价值。[6]

判断这一争议问题的关键在于确定**给予**的具体内容到底是什么。认为起算时间自继承发生时开始的观点其实将被继承人生前收取的用益两次计入了特留份补足额度的结算中。在完成**赠与物的让与行为**时（1999 年），E 已将她死后的将来用益价值转移给了 T（即前述的处分权能价值），计 165000 元。此时，E 也完全失去了该部分价值。如此，其情形与相当于混合赠与中让与不动产而取得价值

[1] Palandt/*Weidlich*, § 2325 Rn. 26; *Brox/Walker*, Rn. 562; *Schlüter/Röthel*, § 38 Rn. 65; *Leipold*, Rn. 844. 相反观点：Soergel/*Dieckmann*, § 2325 Rn. 36 f.; *Lange/Kuchinke*, § 37 X 4 a.

[2] *Lange/Kuchinke*, § 37 X 4 a Fn. 489.

[3] Palandt/*Weidlich*, § 2325 Rn. 26; *Schlüter/Röthel*, § 38 Rn. 66 f.; *Leipold*, Rn. 844a; *Siegmann*, DNotZ 1994, 787, 790; *Leipold*, JZ 1994, 1121, 1122 f.; *Drashka*, NJW 1993, 437, 438; *Speckmann*, NJW 1978, 358, 359.

[4] *Drashka*, NJW 1993, 437, 437.

[5] *Kollhosser*, AcP 194 (1994), 231, 264.

[6] *Reiff*, Die Dogmatik der Schenkung unter Nießbrauchvorbehalt, 1989, S. 288 f.

135000 元的终身年金（取得人的取得利益是 165000 元）；[1] 也相当于给予了 T 165000 元现金。如此，尽管保留了用益权，受赠人也只得到了将来用益可能。该价值（165000 元）的让与并不损及特留份权利人的利益。所以，起算还是应该从让与行为发生起，到 2010 年的继承开始时，已经过去十年，因此不再计入特留份的补足额度中。[2]

（2）地块价值评估的时间点

如果接受判例的观点而认定直到 2010 年继承开始时给付才完成，则尚需明确的是赠与物的价值。地块并非消耗物，其估值按第 2325 条第 2 款第 2 句进行，即以继承开始时的价值为准。如果在赠与时的价值更小，则以后者为准。这一**最低价值原则**对特留份权利人不利，使其无法分享赠与物直到继承开始时的增值部分。[3] 立法理由是，如果赠与物完全灭失，则特留份补足也完全不能。所以，赠与物价值减损时，也相应减少补足请求的额度（**举重以明轻**）。[4]

1999 年时，赠与物的价值为 165000 元。要评估的是继承开始时的价值。在 E 去世后，用益权消灭。地块上再无任何负担。两相比较，当然是 1999 年价值更低。但是，这一估算方式与第 2325 条

---

[1] Staudinger/*Olshausen*, § 2325 Rn. 103 f.; *Mayer*, FamRZ 1994, 739, 740 f., 743; *Behner*, FamRZ 1994, 1375. 相反观点：*Reiff*, ZEV 1998, 241, 245.

[2] 译者注：这里区分了用益权的价值及所有权减去用益权后的剩余价值。作为将来用益可能的剩余价值其实在赠与履行时已经终局的移转，因此期限可以即时起算；用益权价值则仍保留在被继承人处，只能等到权利消灭时，即被继承人死亡时，再起算。可是，该价值其实恰恰在被继承人生前已经逐年用尽。所以，即便嗣后起算，但价值本身已经为零，即不可能对特留份的补足有任何影响。这就是前述抵扣生前收益的意思。终身用益权仅及于权利人的存活时限，其价值在后者死亡时归零。

[3] *Dieckmann*, FS *Beitzke*, 1979, S. 399, 403.

[4] Prot. V, 583 f.

第 2 款第 2 句的目的不符。后者在于使继承人不受**意外价值变动**的影响。而本案中用益权的贬损其实不可避免，随着权利人预期寿命的临近，其剩余价值也在逐渐降低。这一**通常的价值变化**不应使继承人得利。[1] 继承开始时的赠与物价值应该是无负担土地在继承开始时的价值减去此时**拟制的用益权**的价值的差。如此，才能确保比较的内容仍然是未来可能用益的价值。地块在 2010 年时的价值为 320000 元，此时的年净收益为 16000 元，70 岁女性预期寿命的相关因数为 9.633（依联邦财政部于 2009 年 10 月 1 日就价值评估法第 14 条第 1 款的意见），赠与物的实际价值（将来可能用益价值）为 320000–16000 × 9.633=165872 元，高于 1999 年时的价值。应以后者为准。

联邦法院采取了另外一种估算方法。其一方面认为用益权的收益在赠与人去世后便不存在；[2] 另一方面则比较两个时间点上的地块价值。[3] 如果将地块价值看作年度净收益的总和，则该方法在结果上与前述方式相同。年度净收益变化时，地块价值也变化。相应地，地块价值变化，年度净收益也同步变化。地上用益权价值与该二者也成正比。本案中，2010 年较 1999 年的地块价值增长了 1/15。如此，依第 2325 条第 2 款第 2 句，仍应以 1999 年的价值为准。赠与物价值为 165000 元。

（3）特留份补足请求权的计算

依第 2325 条第 1 款，S 的遗产应该是 325000 元（160000+165000），

---

[1] BGHZ 118, 49. 50.

[2] BGHZ 118, 49. 52 f.

[3] BGHZ 118, 49; BGH WM 1996, 684, 687.

S 的特留份应为 81250 元（325000 × 1/4）。现特留份为 40000 元。故而，特留份补足额度为 41250 元。

### 3. 自己受赠物的抵扣

在确定特留份补足请求权的额度时还要考虑 S 自己从 E 处所得的金钱赠与（40000 元）。依第 2327 条第 1 款第 1 句，被继承人对特留份权利人的赠与也需要计入遗产中，并在特留份补足额度中扣除。这一**自己受赠**在特留份补足额的计算中不受时间限制。[1] 第 2327 条第 1 款第 1 句所谓，“特留份权利人自己所得之赠与，以同于第三人受赠时之方式计入遗产价值中”，仅指抵扣的具体方式，而非指示参照第 2325 条第 3 款的规定。因为本条只考虑**哪些**财产在计算特留份补足额时应被纳入。[2] 如此，现存遗产（160000 元）不仅需加上赠与 T 的地块价值（165000 元），也需加上 S 自己受赠的 40000 元，共 365000 元。乘以 1/4 后得到的积即为总特留份 91250 元。再依第 2327 条第 1 款第 1 句减去自己受赠的 40000 元。所得的差为 51250 元，减去第 2303 条第 1 款第 1 句的现存特留份，最终可以依第 2325 条第 1 款请求的特留份补足额为 11250 元。

### 4. 第 2328 条的抗辩

T 作为继承人虽然是特留份请求权的债务人，但同时作为被继承人的子女，也是潜在的特留份权利人。依第 2328 条，她可以保有自己特留份为由拒绝其他特留份权利人的补足请求。这一

[1] RGZ 69, 389; BGHZ 108, 393, 399; Erman/*Röthel*, § 2327 Rn. 2; Soergel/*Dieckmann*, § 2327 Rn. 5; Staudinger/*Olshausen*, § 2327 Rn. 8; MüKoBGB/*Lange*, § 2327 Rn. 6; *Lange/Kuchinke*, § 37 X 4 b.

[2] KG OLGZ 1974, 257, 261; Staudinger/*Olshausen*, § 2327 Rn. 8; MüKoBGB/*Lange*, § 2327 Rn. 6; Prot. VI, 105.

规则旨在确保继承人的法律地位不会逊于仅有特留份时的情形。假设 T 不是继承人，作为子女她可依第 2303 条第 1 款享有 40000 元的特留份请求权。另外并没有特留份补足请求权，因为她所取得的地块价值已经被该额度充抵掉了。作为继承人时，他取得的遗产为 160000 元，减去对 S 负有的 11250 元的特留份债务后，其财产状况仍然优于前述假设的特留份权利。由此，第 2328 条的抗辩不成立。

### （三）结论

S 对 T 有第 2303 条的特留份请求权（40000 元）及第 2325 条第 1 款的特留份补足请求权（11250 元）。

## 二、2016 年时的时效问题

### （一）特留份请求权

S 的特留份请求权可能依第 195 条及第 199 条第 1 款及第 3a 款罹于时效。特留份请求权的时效为三年，起算点为请求权成立之年的年终（第 199 条第 1 款第 1 项）和特留份权利人得知请求权产生情事之年的年终（第 195 条第 1 款第 2 项）。本案中，即继承发生之年（第 2317 条）及特留份权利人知道继承开始及侵害性处分之时。[1] 侵害性处分指依第 2303 条至第 2307 条剥夺及限制继承权的临终处分。[2]S 在 2010 年时已经知道 E 的死讯及其遗嘱。2016 年时第 2301

[1] 比较：Palandt/*Weidlich*, § 2317 Rn. 11 ff.

[2] 比较：BeckOK BGB/*Mayer*, § 2332 Rn. 7.

条第 1 款第 1 句的特留份请求权已过时效。T 可依第 214 条第 1 款拒绝履行。

### （二）特留份补足请求权

特留份补足请求权也可能依第 195 条及第 199 条第 1 款及第 3a 款罹于时效。

依通说，特留份补足请求权的时效起于权利人得知**死因处分**及**妨害性生前赠与**之时。[1] 如果特留份权利人先得知死因处分，后得知赠与，则特留份请求权及补足请求权的时效分开起算。[2] 两者的指向虽然相近，[3] 但补足请求权是一个完全独立的权利，在时效计算时也是如此。[4] 因此需分别考察权利人得知不同处分的时间点。[5] 如此，才能确保特留份权利人的利益不被损害。[6]

相反观点则认为，补足请求权与**一般特留份请求权**同其时效。[7] 特留份权利人依第 2314 条的询问请求权也及于与特留份补足相关的赠与。如果继承人准确提供了详细信息，而被继承人的处分在事后很久才被发现，则继承人仍应享受时效利益。[8]

---

[1] Palandt/*Weidlich*, § 2325 Rn. 6.

[2] BGHZ 103, 333, 336 f.; Palandt/*Weidlich*, § 2325 Rn. 6; *Schlüter/Röthel*, § 38 Rn. 76.

[3] BGHZ 103, 333, 337. 相反观点：OLG Schleswig MDR 1978, 757. 比较：Soergel/*Dieckmann*, § 2332 Rn. 12; *Lange/Kuchinke*, § 37 XI 2d Fn. 564.

[4] BGHZ 103, 333, 337.

[5] BGHZ 103, 333, 337.

[6] BGHZ 103, 333, 337.

[7] OLG Schleswig MDR 1978, 757; Soergel/*Dieckmann*, § 2332 Rn. 12; *Dieckmann*, FamRZ 1984, 1124, 1126.

[8] *Dieckmann*, FamRZ 1984, 1124, 1126.

这一观点与第 199 条第 1 款第 2 项的清楚文义相悖：请求权成立的要件包括继承开始**及**损害性赠与两项事实。补充权利人只有知道了两者后，才可以起算时效期限。因此，本案中 S 对 T 依第 2325 条第 1 款第 1 句的特留份补足请求权于 2016 年时仍可直接行使。

# 内容索引

# 文献列表


| | |
|---|---|
| Baumbach/Hopt/*Bearbeiter*, HGB | *Baumbach/Hopt*, Handelsgesetzbuch, 37. Aufl. 2016. |
| BeckOK BGB/*Bearbeiter* | *Bamberger/Roth*, Beck'scher Online-Kommentar BGB, 41. Edition, Stand 11/2016. |
| BeckOK ZPO/*Bearbeiter* | *Vorwerk/Wolf*, Beck'scher Online-Kommentar ZPO, 23. Edition, Stand 12/2016. |
| *Brox/Walker* | *Brox/Walker*, Erbrecht, 27. Aufl. 2016. |
| Burandt/Rojahn/*Bearbeiter* | *Burandt/Rojahn*, Erbrecht, 2. Aufl. 2014. |
| Canaris | *Canaris*, Grundrechte und Privatrecht, 1999. |
| *Deutsch/Ahrens* | *Deutsch/Ahrens*, Deliktsrecht, 6. Aufl. 2014. |
| Dutta | *Dutta*, Warum Erbrecht? 2014. |
| Erman/*Bearbeiter* | *Erman*, Handkommentar zum Bürgerlichen Gesetzbuch, 14. Aufl. 2014. |
| *Esser/Weyers* | *Esser/Weyers*, Schuldrecht, Band II: Besonderer Teil, Teilband 2: Gesetzliche Schuldverhältnisse, 8. Aufl. 2000. |
| *Gernhuber/Coester-Waltjen* | *Gernhuber/Coester-Waltjen*, Lehrbuch des Familienrechts, 6. Aufl. 2010. |
| Götting/Schertz/Seitz/*Bearbeiter* | *Götting/Schertz/Seitz*, Handbuch des Persönlichkeitsrechts, 2008. |
| HK-BGB/*Bearbeiter* | *Schulze/Dörner/Ebert/Hoeren/Kemper/Saenger/Scheuch/Schreiber/Schulte-Nölke/Staudinger/Wiese*, Bürgerliches Gesetzbuch, Handkommentar, 9. Aufl. 2017. |
| Habersack | *Habersack*, Examens-Repetitorium Sachenrecht, 8. Aufl. 2016. |
| Harder | *Harder*, Zuwendungen unter Lebenden auf den Todesfall, 1968. |
| *Harder/Kroppenberg* | *Harder/Kroppenberg*, Grundzüge des Erbrechts, 5. Aufl. 2002. |
| Heckschen/Herrler/Starke/*Bearbeiter* | *Heckschen/Herrler/Starke*, Beck'sches Notar-Handbuch, 6. Aufl. 2015. |
| *Hopt/Hehl* | *Hopt/Hehl*, Handels- und Gesellschaftsrecht, Band II: Gesellschaftsrecht, 4. Aufl. 1996. |
| John | *John*, Grundzüge des Erbrechts, 1981. |

**续表**

| | |
|---|---|
| *Kipp/Coing* | *Enneccerus/Kipp/Wolff*, Lehrbuch des Bürgerlichen Rechts, Band V, Erbrecht, 14. Bearb. von *Coing* 1990. |
| *Lange/Kuchinke* | *Lange/Kuchinke*, Lehrbuch des Erbrechts, 5. Aufl. 2001. |
| *Larenz/Canaris*, Schuldrecht II 2 | *Larenz/Canaris*, Lehrbuch des Schuldrechts, Band II: Besonderer Teil, 2. Halbband, 13. Aufl. 1994. |
| Leipold | *Leipold*, Erbrecht, 21. Aufl. 2016. |
| *Looschelders*, SchuldR BT | *Looschelders*, Schuldrecht Besonderer Teil, 11. Aufl. 2016. |
| *Medicus/Petersen* | *Medicus/Petersen*, Bürgerliches Recht, 25. Aufl. 2015. |
| MüKoBGB/*Bearbeiter* | Münchener Kommentar zum Bürgerlichen Gesetzbuch, 6./7. Aufl., Stand 2017. |
| MüKoHGB/*Bearbeiter* | Münchener Kommentar zum Handelsgesetzbuch, 4. Aufl. 2016. |
| Palandt/*Bearbeiter* | *Palandt*, Bürgerliches Gesetzbuch, 76. Aufl. 2016. |
| Reimann/Bengel/Mayer/*Bearbeiter* | *Reimann/Bengel/Mayer*, Testament und Erbvertrag, 6. Aufl. 2015. |
| *Schlüter/Röthel* | *Schlüter/Röthel*, Erbrecht, 17. Aufl. 2015. |
| *K. Schmidt*, Gesellschaftsrecht | *K. Schmidt*, Gesellschaftsrecht, 4. Aufl. 2002. |
| Schönke/Schröder/Bearbeiter | *Schönke/Schröder*, Strafgesetzbuch, 29. Aufl. 2014. |
| Soergel/*Bearbeiter* | Bürgerliches Gesetzbuch, Kommentar, begr. von *H. T. Soergel*, 13. Aufl. 2016. |
| Staub/*Bearbeiter* | *Staub*, Handelsgesetzbuch, 5. Aufl. 2015/2016. |
| Staudinger/*Bearbeiter* | *J. v. Staudingers* Kommentar zum Bürgerlichen Gesetzbuch, Stand 2017. |
| Windbichler | *Windbichler*, Gesellschaftsrecht, begr. von *A. Hueck*, 23. Aufl. 2013. |

著作权合同登记号：图字 01-2019-0684 号


**图书在版编目 (CIP) 数据**

德国继承法案例研习 /（德）霍斯特・艾登穆勒，（德）马丁・弗里斯著；胡坚明译．—北京：中国法制出版社，2019.10

ISBN 978-7-5216-0533-4

Ⅰ．①德…　Ⅱ．①霍…　②马…　③胡…　Ⅲ．①继承法－案例－德国　Ⅳ．① D951.635

中国版本图书馆 CIP 数据核字（2019）第 192112 号

项目策划：马　颖　　策划 / 责任编辑：王雯汀　　封面设计：李　宁

**德国继承法案例研习**

DEGUO JICHENGFA ANLI YANXI

著者 /［德］霍斯特・艾登穆勒　［德］马丁・弗里斯

译者 / 胡坚明

经销 / 新华书店

印刷 / 廊坊一二〇六印刷厂

开本 / 710 毫米 ×1000 毫米　16 开　　印张 / 13.5　字数 / 148 千

版次 / 2019 年 10 月第 1 版　　2019 年 10 月第 1 次印刷

中国法制出版社出版

书号 ISBN 978-7-5216-0533-4　　定价：59.00 元

北京西单横二条 2 号　邮政编码 100031　　传真：010-66031119

**网址：http://www.zgfzs.com**　　**编辑部电话：010-66060794**

**市场营销部电话：010-66033393**　　**邮购部电话：010-66033288**

（如有印装质量问题，请与本社印务部联系调换。电话：010-66032926）